·FOLIA· ·SEMPER· ·FRUCTUS· ·INTER·

BENEDIKT XVI.

KIRCHENLEHRER DER NEUZEIT

Lepanto Verlag

Umschlagbild: Pierre Subleyras, *Johannes vom Kreuz*, 1746.

Lepanto Verlag
www.lepanto-verlag.de

Lektorat: Axel Schmischke
Gestaltung und Satz: Melanie Urban
Gesetzt aus der Palatino Linotype

Gedruckt auf säurenfreiem und alterungsbeständigem Bilderdruckpapier

ISBN 978-3-942605-04-5

Bibliographische Information der Deutschen Nationalbibliothek
Die Deutsche Nationalbibliothek verzeichnet diese Publikation in der Deutschen Nationalbibliographie; detaillierte bibliographische Daten sind im Internet über http://dnb.d-nb.de abrufbar.

INHALT

Vorhergehende Doppelseite: Giotto, *Das Jüngste Gericht*, 1304 - 1306

VORWORT

Die Mittwochskatechesen der Päpste sind mittlerweile eine jahrzehntealte und feste Institution, die aus dem Alltag Roms nicht mehr wegzudenken sind. Bereits am Dienstag nachmittag schwillt der Besucherstrom der Ewigen Stadt an, bis er am Donnerstag vormittag wieder abebbt: Das katholische Leben rund um den Vatikan bewegt sich im Rhythmus der Mittwochsaudienzen - was Rom von seiner katholischen Seite betrifft, gehört die Wochenmitte auch heute noch dem Papst. Die Pilger wollen Benedikt XVI. sehen, aber vor allem auch hören. Was er zu sagen hat, ruft Menschen aus nah und fern auf den Petersplatz oder in die Halle Pauls VI. In den Katechesen zeigt sich der Nachfolger Petri als Lehrer des pilgernden Volkes Gottes, der in möglichst einfachen Worten tiefe Wahrheiten und Einsichten des Glaubens aus einem reichen Priester- und Gelehrtenleben vermittelt. Daß Benedikt der Kirche schon jetzt eine gewisse Prägung auf längere Zeit gegeben hat, läßt sich bereits absehen. Daran wirken nicht nur die Pastoralreisen, persönlichen Begegnungen und die erneuerte Feierlichkeit und Sakralität seiner gottesdienstlichen Handlungen mit, sondern gerade auch sein Wort. Schon immer war Joseph Ratzinger ein Mann des Wortes. In seinem Amt als Papst steht dabei nicht seine eigene theologische Lehrmeinung oder persönliche Vorliebe im Mittelpunkt - wenngleich diese gelegentlich durchaus durchscheinen, was vollkommen legitim ist. Zentrum seiner Ausführungen ist immer das göttliche Wort selber, dem die Kirche und der Papst dienen. Versteht er sich doch als erster Zeuge Christi, als oberster Garant des apostolischen Glaubens. Dahinter steht die Einsicht, daß die Kirche

nichts Größeres und Höheres bieten kann, als das Größte und Höchste schlechthin: *Gott selbst* nämlich. Zugleich entspricht es seiner Haltung persönlicher Bescheidenheit und Demut, welche die wahre menschliche Größe ist!
Aus der überaus großen Schar der Heiligen ernennt die Kirche einige sehr spezielle zu »Kirchenlehrern« - Menschen, deren Lehre und Leben für die ganze Christenheit von ganz besonderer Bedeutung sind. Sie müssen sich auszeichnen durch Heiligkeit des Lebens und hervorragende Kenntnisse im Hinblick auf den Glauben bzw. die Theologie. Der Papst stellt uns sechs solcher Männer und zwei solcher Frauen als Kirchenlehrer bzw. Kirchenlehrerinnen ebenso sachkundig wie lebendig vor Augen. Damit fordert er uns gleichsam zur Beschäftigung mit diesen Gestalten des Glaubens auf. Ja, jeder Leser ist eingeladen, sich aus der Schar der Heiligen jene herauszusuchen, die ihm in besonderer Weise entsprechen und sie sich zu persönlichen Freunden und Lehrmeistern christlicher Weisheit zu machen. Die Texte des römischen Bischofs atmen dabei eine wirkliche Anteilnahme am Leben jener heiligen Lehrer, und sie offenbaren immer wieder auch das persönliche Empfinden Papst Benedikts.

Sämtliche jener sechs Kirchenlehrer und zwei Kirchenlehrerinnen, die der Heilige Vater uns vorstellt, sind Menschen der Neuzeit. Die meisten lebten in der Zeit von Spätrenaissance und Barock. Es ist die Zeit des Konzils von Trient (1546-1563) und danach, eine Periode, die stark von jenem Reformkonzil geprägt wurde und die Kirche zu neuer Blüte brachte. Nur die heilige Therese von Lisieux als Kind des 19. Jahrhunderts stammt aus späterer Zeit. Vereinigt sind sie also alle darin, daß sie in gewisser Weise »moderne Menschen« sind. Aber was heißt das schon?

Selbstverständlich hat jede Zeit ihre besonderen Anschauungen, Moden und Verhaltensmuster, ihre speziellen Vorlieben und eben für ihre Zeit »typischen« Überzeugungen. Doch unbeschadet dieser eher vordergründigen Wandlungen gibt es etwas Bleibendes im Wesen des Menschen. Seine Bedürfnisse, Antriebe und Wünsche sind im Grunde doch immer die gleichen: Der junge Theologe Joseph Ratzinger spricht daher nicht nur vom »heutigen Menschen«, sondern eben gerade auch vom »allzeit einen Menschen»[1]. Ja, vielleicht handelt es sich bei jenem »modernen Mensch« letztlich um eine Chimäre, die noch niemand zu Gesicht bekam... Gerade deshalb aber, weil der Mensch im Grunde eben doch immer derselbe ist, ist die Lehre der hier vorgestellten acht Kirchenlehrer eine noch heute gültige, ja in gewisser Weise ewig gültige!

Ihre Lehre ist *Weisheit und Erfahrung. Petrus Canisius* und *Robert Bellarmin,* beide Jesuiten, waren Koryphäen der Wissenschaft. Doch Canisius wurde »allen alles«, er war auch ein Mann des christlichen Volkes mit viel Feinsinn und Gespür, wie der Papst aufzeigt: »In einem Augenblick der Geschichte, der von starken konfessionellen Gegensätzen geprägt war, vermied er, was außergewöhnlich ist, jede Bitterkeit und zornige Rhetorik – das war, wie gesagt, zu jener Zeit in den Auseinandersetzungen zwischen Christen selten«. Genau wie die Gestalt Joseph Ratzingers steht auch gerade Bellarmin als Professor in Löwen und Rom in besonderer Weise für die universitäre Theologie. Auch an der Höhe der Begabung ebenbürtig, wurden beide später Kardinäle der Römischen Kirche. Zwischen Bonaventura, Ratzingers großem

---

1 Joseph Ratzinger, *Debatte über das Offenbarungsschema,* in: *Klerusblatt* 11 (1963) 209 - 210, hier 210.

theologischem Richtpunkt im Mittelalter, Bellarmin und Ratzinger bestehen auffällige Lebensparallelen.
Ihnen allen steht *Teresa von Ávila* als Mystikerin gleichsam gegenüber. Freilich wäre hier jedes Ausspielen gegeneinander von vorneherein verfehlt, denn das lebendige Christentum braucht beides: Das *vernünftige Befragen* des Glaubens durch den gläubigen Verstand des akademischen Theologen ist zweifellos von hoher Bedeutung.
Doch die *Erfahrung* des Mystikers durch die von Gott geschenkte »Beschauung« ist letztlich noch höher zu werten. In gewisser Hinsicht ist dies zwar die Welt der Kontemplativen und des Mönchtums. Da sie aber in der Taufe ihren Ursprung hat, steht sie prinzipiell *jedem* Christen offen. Sie ist Theologie in Vollendung, höchste Theo-Logie, d. h. Erkennen Gottes und Sprechen mit ihm und von ihm. Denn Mystik ist gottgeschenkte Theologie, Wissen um Gott im Glauben, das Gott selbst gibt, ja, in dem sich Gott selbst dem Mystiker neu hingibt.

Daß letztlich kein Zwiespalt zwischen beiden Weisen der Gotteserkenntnis, die uns der Papst vorstellt, besteht, zeigt uns *Johannes vom Kreuz*: In der Spannweite seiner Persönlichkeit stellt er gewissermaßen die verbindende Mitte dar zwischen wissenschaftlichem und eingegossenem Wissen um Gott, zwischen der Erfahrung des Mystikers und der Gelehrsamkeit des monastischen Theologen. Daher trägt er zu Recht den Ehrentitel *doctor mysticus*: »mystischer Lehrer« bzw. Lehrer der Mystik. Beide Übersetzungsmöglichkeiten treffen jeweils einen Aspekt des hochbegabten Büßers, denn Juan ist beides: Einer, der Gottes mystische »Beschauung« gleichsam am eigenen Leib in all ihrer scheinbaren Gottesferne und Herrlichkeit erfahren hat. Und genau deshalb war er in einzigartiger Weise fähig und berufen, jenes geheime Wirken Gottes an der Seele zu beschreiben und zu deuten: Aufgrund seiner wissenschaftlichen Ausbildung und seiner tiefen Vertrautheit mit dem Gotteswort der Heiligen Schrift war er in der Lage, sein eigenes mystisches Erleben in poetisches und systematisches Wort zu fassen. Insofern konnte er eine Art idealer Seelsorger für die Brüder und Schwestern des Ordens sein. Dementsprechend war er als einer ihrer Beichtväter zugleich auch der »Lehrer« der heiligen *Teresa von Ávila*.

Zu Recht nennt der Papst ihre Schriften, die eine so angenehme Menschlichkeit atmen, eine »faszinierende Lektüre«. Gerade in ihren zeitlos gültigen Aussagen über die Würde und Notwendigkeit des Gebetes ist sie selbst wahrhaft Lehrerin der Kirche. Gebet ist für sie nichts anderes als ein Gespräch mit einem geliebten und liebenden Freund: »Bei Teresa handelt es sich nicht so sehr um eine Unterweisung im Gebet als vielmehr um eine ›Mystagogik‹: Sie lehrt den Leser ihrer Werke beten, indem sie selbst mit ihm betet; häufig unterbricht sie den Bericht oder die Darlegung, um ein Gebet hervorzubringen.« Auch im Hinblick auf Canisius zeigt uns der Papst diesen so wichtigen Aspekt und die Bedeutung des gottesdienstlichen Lebens: »Das christliche Leben wächst nicht, wenn es nicht genährt wird durch die Teilnahme an der Liturgie, insbesondere an der heiligen Sonntagsmesse, und durch das tägliche persönliche Gebet, durch den persönlichen Kontakt mit Gott. Inmitten der tausend Aktivitäten und zahlreichen Anregungen, die uns umgeben, ist es notwendig, jeden Tag Augenblicke der Sammlung vor dem Herrn zu finden, um ihm zuzuhören und mit ihm zu sprechen.«

Die Katechesereihe endet mit der Katechese über die Heiligkeit. Sie rundet das Werk ab, ist gleichsam Ziel- und Höhepunkt des

Ganzen. Sie systematisiert das Konkrete, das vorher dargelegt wurde. Bester Überzeugung entsprechend versteht der Pontifex Vollkommenheit nicht zunächst als Frucht meiner persönlichen Anstrengung, als Hau-Ruck eines asketischen Klimmzugs - wenngleich die Last persönlichen Bemühens immer vonnöten sein wird. Mit der Heiligen Schrift schildert er Heiligkeit wesentlich tiefer, seinshafter und so auch – schöner: Sie ist Teilhabe an Christus durch das Sakrament der Taufe, der durch Tod und Auferstehung einging in das herrliche Leben beim Vater: »Die Heiligkeit wurzelt also letztlich in der Taufgnade, im Eingepfropftsein in das Ostergeheimnis Christi, wodurch uns sein Geist, sein Leben als der Auferstandene mitgeteilt wird.« Dies wird sichtbar im »kleinen Weg« der *Therese von Lisieux*, jener so jung an Tuberkulose verstorbenen französischen Karmelitin: Sie zeigt »uns allen, daß das christliche Leben darin besteht, die Taufgnade durch die völlige Selbsthingabe an die Liebe des Vaters in Fülle zu leben, um wie Christus im Feuer des Heiligen Geistes seine Liebe zu allen Menschen zu leben.«

Zu welcher Ausgeglichenheit und Tiefe solch eine gelebte Existenz in Gott zu führen vermag, stellt uns der Papst anhand des heiligen Bischofs *Franz von Sales* lebendig vor Augen: »Von der Gestalt dieses Heiligen geht der Eindruck einer Erfüllung aus, die man nur selten findet. Sie zeigt sich in der inneren Ruhe seiner intellektuellen Suche, aber auch im Reichtum seiner Empfindungen, in der ›Sanftheit‹ seiner Lehren, die einen großen Einfluß auf das christliche Gewissen hatten. Er verkörperte mehrere Bedeutungen des Begriffs ›Menschlichkeit‹, die dieses Wort damals wie heute annehmen kann: Kultur und Höflichkeit, Freiheit und Zärtlichkeit, Adel und Solidarität. Im Aussehen hatte er etwas von der Majestät der Landschaft, in der er lebte, und

er bewahrte auch ihre Einfachheit und Natürlichkeit. Die altehrwürdigen Worte und Bilder, in denen er sich ausdrückte, klingen auch in den Ohren des heutigen Menschen ganz unerwartet wie eine vertraute Muttersprache.«
Zugleich spannt der Papst hier den Bogen hin zu den *Heiligen des Alltags*: den einfachen Menschen, die aus einer tiefen Liebe zu Gott und zum Nächsten leben – ohne, daß sie jemals heiliggesprochen wurden. Es wird deutlich, daß es zunächst nicht einfach um Olympioniken in der Arena von Buße und Askese geht. Heiligkeit besteht auch nicht in Erscheinungen, mystischen Phänomenen und sonstigen Gnadengaben. Es ist schön, daß uns Benedikt XVI. einen kleinen Einblick in sein eigenes Inneres gewährt: Denn er bekennt, daß ihm solche bescheidenen, heiligmäßigen Menschen in seinem Leben stets viel bedeuteten. Gerade weil sie selbst die beste, nämlich die erfahrbarste Begründung des Christentums sind: »Es sind sozusagen gewöhnliche Menschen, ohne sichtbaren Heroismus, aber in ihrer täglichen Güte sehe ich die Wahrheit des Glaubens. Diese Güte, die im Glauben der Kirche in ihnen herangereift ist, ist für mich die sicherste Apologie des Christentums und das Zeichen dafür, wo die Wahrheit liegt. In der Gemeinschaft der Heiligen, seien sie zur Ehre der Altäre erhoben oder nicht, die die Kirche durch Christus in all ihren Gliedern lebt, erfreuen wir uns an ihrer Gegenwart und an ihrer Gesellschaft und hegen die unumstößliche Hoffnung, ihren Weg nachahmen zu können und eines Tages an ihrem glückseligen Leben, dem ewigen Leben, teilzuhaben.« Eine solche einfache, schlichte Person war *Therese von Lisieux* - und gerade so wurde sie immer gottes-fähiger: »Mit Demut und Liebe, Glauben und Hoffnung dringt Therese unablässig in das Herz der Heiligen Schrift vor, die das Geheimnis Christi enthält.« Damit greift der

Bischof von Rom erneut jenen Gedanken auf, den er bereits früher immer wieder äußerte: Die wahren Ausleger des biblischen Gotteswortes sind die Heiligen!

Letztlich geht es um ein *Leben in der Fülle des Heiligen Geistes*, jenes Gottesgeistes, der in der abendländischen Theologie, Verkündigung und Frömmigkeit nicht immer genügend wahrgenommen wurde. Gerade auch hier, in diesem pneumatischen Aspekt, hat Joseph Ratzingers Denken entscheidende Impulse beigetragen. Zu Recht lädt er alle Gläubigen dazu ein, »sich gegenüber dem Wirken des Heiligen Geistes zu öffnen, der unser Leben verwandelt, damit auch wir gleichsam Steine in dem großen Mosaik der Heiligkeit sind, das Gott in der Geschichte erschafft, damit das Antlitz Christi in vollem Glanz erstrahle.«

Dem Lepanto Verlag in Bonn und seinen Mitarbeitern gebührt Dank, daß er eine bibliophile Veröffentlichung jener Katechesen durchführt, die zuvor bereits von der *Libreria Editrice Vaticana* publiziert worden waren. Möge dadurch das Interesse an den Kirchenlehrern und Kirchenlehrerinnen in der Kirche neu bestärkt werden - und vor allem das Interesse an dem, was ihre bleibende Botschaft ist: Der Glaube an das Licht Gottes in dieser Welt, jener Glaube an Christus im Heiligen Geist, den uns Papst Benedikt XVI. immer neu lehrt! Jener Glaube, der zur Heiligkeit führt, die nichts anderes als »das Maß des christlichen Lebens« ist.

Bettbrunn, zum Jahr des Glaubens, am 11. Oktober 2012
P. Daniel Eichhorn

HL. TERESA VON ÁVILA

In den Katechesen, die ich den Kirchenvätern sowie großen Theologen und Frauengestalten des Mittelalters gewidmet habe, hatte ich auch Gelegenheit, über einige heilige Männer und Frauen zu sprechen, die aufgrund ihrer herausragenden Lehre zu Kirchenlehrern erklärt wurden. Heute möchte ich mit einer kurzen Reihe von Begegnungen beginnen, die die Vorstellung der Kirchenlehrer abschließen soll. Und ich beginne mit einer Heiligen, die einen der Höhepunkte der christlichen Spiritualität aller Zeiten darstellt: mit der hl. Teresa von Ávila [von Jesus].

Sie wird 1515 in Ávila in Spanien geboren, mit dem Namen Teresa de Ahumada. In ihrer Autobiographie erwähnt sie selbst einige Einzelheiten aus ihrer Kindheit: Von »tugendhaften und gottesfürchtigen Eltern« wird sie in eine kinderreiche Familie hineingeboren; es waren neun Brüder und drei Schwestern. Schon als Kind – sie ist noch keine neun Jahre alt – liest sie die Lebensbeschreibungen einiger Märtyrer, die in ihr den Wunsch nach dem Martyrium wecken. Sie läuft sogar kurz von zu Hause weg, um als Märtyrerin zu sterben und in den Himmel einzugehen (vgl. *Das Buch meines Lebens* 1,4): »Ich will Gott schauen«, sagt die Kleine zu ihren Eltern. Einige Jahre später wird Teresa über ihre Kindheitslektüre sagen, daß sie darin die Wahrheit gefunden hat, die sie in zwei grundlegenden Prinzipien zusammenfaßt: auf der einen Seite »die Tatsache, daß alle Dinge dieser Welt vergehen«, und auf der anderen Seite, daß nur Gott allein »für immer, für immer« ist. Dieses Thema kehrt wieder in ihren berühmten Versen:

Guido Cagnacci, *St. Teresa d'Ávila vor dem Kreuz*

»Nichts soll dich ängstigen, nichts dich erschrecken! Alles geht vorüber: Gott, er bleibt derselbe. Geduld erreicht alles. Wer Gott hat, dem fehlt nichts. Gott allein genügt.« Als sie mit zwölf Jahren ihre Mutter verliert, bittet sie die allerseligste Jungfrau Maria, ihre Mutter zu sein (vgl. *Das Buch meines Lebens* 1,7).

In der Jugend hatte die Lektüre profaner Bücher sie zu den Ablenkungen eines weltlichen Lebens geführt, aber die Erfahrung als Schülerin der Augustinerinnen von »Nuestra Señora de Gracia« in Ávila und der Umgang mit geistlichen Büchern, vor allem Klassikern der franziskanischen Spiritualität, lehren sie die Sammlung und das Gebet. Mit 20 Jahren tritt sie, ebenfalls in Ávila, in das Karmelitinnenkloster der Menschwerdung ein; im Ordensleben nimmt sie den Namen Teresa von Jesus an. Drei Jahre später wird sie so schwer krank, daß sie für vier Tage ins Koma fällt und scheinbar tot ist (vgl. *Das Buch meines Lebens* 5,9). Auch der Kampf gegen ihre Krankheiten ist für die Heilige ein Kampf gegen die Schwächen und die Widerstände gegen den Ruf Gottes. Sie schreibt: »Ich sehnte mich danach zu leben, denn ich verstand sehr wohl, daß ich nicht eigentlich lebte, sondern mit einem Schatten des Todes rang, aber es gab niemanden, der mir Leben gab, selbst geben konnte ich es mir aber auch nicht; der es mir aber geben konnte, hatte Recht, mir nicht zu Hilfe zu kommen, denn viele Male hatte er mich wieder an sich gezogen, während ich ihn im Stich gelassen habe« (*Das Buch meines Lebens* 8,12). 1543 verliert sie die Nähe ihrer Angehörigen: Der Vater stirbt, und all ihre Brüder wandern einer nach dem anderen nach Amerika aus. In der Fastenzeit des Jahres 1554 erreicht Teresa mit 39 Jahren den Höhepunkt des Kampfes gegen ihre Schwächen. Die zufällige Entdeckung des Bildes »eines ganz mit Wunden bedeckten Christus« zeichnet ihr Leben zutiefst (vgl. *Das Buch meines Lebens* 9). Die Heilige, die zu jener Zeit in tiefem Einklang mit dem Augustinus der *Bekenntnisse* steht, beschreibt den entscheidenden Tag ihrer mystischen Erfahrung so: »Es widerfuhr mir …, daß mich ganz unverhofft ein Gefühl der Gegenwart Gottes überkam, so daß ich in keiner Weise bezweifeln konnte, daß er in meinem Innern weilte oder ich ganz in ihm versenkt war« (*Das Buch meines Lebens* 10,1).

Mit dem Heranreifen ihrer Innerlichkeit beginnt die Heilige, das Ideal der Reform des Karmelordens konkret zu entwickeln: 1562 gründet sie in Ávila mit Unterstützung des Bischofs der Stadt, Alvaro de Mendoza, den ersten reformierten Karmel, und wenig später erhält sie auch die Approbation des Generaloberen des Ordens, Giovanni Battista Rossi. In den folgenden Jahren gründet sie weitere neue Karmelklöster, insgesamt 17. Grundlegend ist die Begegnung mit dem hl. Johannes vom Kreuz, mit dem sie 1568 in Duruelo bei Ávila das erste Kloster der Unbeschuhten Karmeliten gründet. 1580 erhält sie von Rom die Genehmigung zur Errichtung einer autonomen Provinz für ihre reformierten Karmelklöster: der Ausgangspunkt des Ordens der Unbeschuhten Karmeliten. Teresa beendet ihr irdisches Leben inmitten ihrer Gründungstätigkeit: Nachdem sie 1582 den Karmel von Burgos errichtet hat und sich auf der Rückreise nach Ávila befindet, stirbt sie in der Nacht auf den 15. Oktober in Alba de Tormes, während sie demütig folgende Sätze wiederholt: »Letztlich sterbe ich als Tochter der Kirche « und »Mein Bräutigam, die Stunde ist gekommen, daß wir uns sehen«. Ihr Leben spielte sich innerhalb von Spanien ab, wurde aber für die ganze Kirche hingegeben. Sie wird 1614 von Papst Paul V. selig- und 1622 von Gregor XV. heiliggesprochen. Vom Diener Gottes Paul VI. wird sie 1970 zur Kirchenlehrerin erklärt.

Nächste Doppelseite: Giambattista Tiepolo, *Die Hl. Teresa in der Glorie*

Teresa von Jesus hatte keine akademische Ausbildung, aber sie hat sich die Lehre von Theologen, Literaten und geistlichen Lehrern stets zunutze gemacht. Als Schriftstellerin hat sie sich immer an das gehalten, was sie persönlich erlebt oder in der Erfahrung anderer gesehen hatte (vgl. *Vorwort* zum *Weg der Vollkommenheit*); sie ging also von der Erfahrung aus. Teresa kann geistliche Freundschaften mit vielen Heiligen knüpfen, insbesondere mit dem hl. Johannes vom Kreuz. Gleichzeitig zieht sie Nahrung aus der Lektüre der Kirchenväter: aus dem hl. Hieronymus, dem hl. Gregor dem Großen, dem hl. Augustinus. Zu ihren größten Werken gehört vor allem ihre Autobiographie mit dem Titel *Das Buch meines Lebens*; sie nennt sie *Von den Erbarmungen Gottes*. Sie wurde 1565 im Karmel von Ávila verfaßt und berichtet über den biographischen und geistlichen Weg, der niedergeschrieben wurde, um – wie Teresa selbst sagt – ihre Seele der Begutachtung durch den »Meister der geistlichen Menschen«, den hl. Johannes von Ávila, zu unterziehen. Ziel ist es, die Gegenwart und das Wirken des barmherzigen Gottes in ihrem Leben hervorzuheben; daher gibt das Werk oft den Gebetsdialog mit dem Herrn wieder.
Es ist eine faszinierende Lektüre, denn die Heilige erzählt nicht nur, sondern sie zeigt, daß sie die tiefe Erfahrung ihrer Beziehung zu Gott noch einmal durchlebt. 1566 schreibt Teresa den *Weg der Vollkommenheit*; sie nennt ihn »Anweisungen und Ratschläge, die Teresa von Jesus ihren Töchtern, den Ordensschwestern, gibt«. Empfängerinnen sind die zwölf Novizinnen des Karmel »San José« in Ávila. Ihnen bietet Teresa ein tiefgreifendes Programm des kontemplativen Lebens im Dienst der Kirche, dessen Grundlage die evangelischen Tugenden und das Gebet sind. Einer der wertvollsten Abschnitte ist der Kommen-

tar zum »Vaterunser«, dem Vorbild für das Gebet. Das berühmteste mystische Werk der hl. Teresa ist die *Innere Burg*, das sie 1577 schrieb, in voller Reife. Es ist eine neue Auslegung ihres geistlichen Weges und gleichzeitig eine Kodifizierung des möglichen Ablaufs des christlichen Lebens auf seine Fülle, die Heiligkeit, hin, unter dem Wirken des Heiligen Geistes. Teresa greift dabei zurück auf die Struktur einer Burg mit sieben Wohnungen als Bild der Innerlichkeit des Menschen und führt gleichzeitig das Symbol der Seidenraupe ein, die als Schmetterling neu geboren wird, um den Übergang vom Natürlichen zum Übernatürlichen zum Ausdruck zu bringen. Inspiriert durch die Heilige Schrift, besonders durch das *Hohelied*, gelangt die Heilige am Ende zum Symbol der beiden »Brautleute«, mit dem sie in der siebten Wohnung den Höhepunkt des christlichen Lebens unter seinen vier Aspekten beschreiben kann: dem dreifaltigen, dem christologischen, dem anthropologischen und dem kirchlichen Aspekt. Ihrer Tätigkeit als Gründerin der reformierten Karmelklöster widmet Teresa *Das Buch der Gründungen*, das zwischen 1573 und 1582 entstanden ist und in dem sie über das Leben der entstehenden Ordensgemeinschaft spricht. Wie bei der Autobiographie soll der Bericht vor allem das Wirken Gottes beim Werk der Gründung der neuen Klöster hervorheben.

Es ist nicht leicht, die tiefe und vielschichtige Teresianische Spiritualität in wenigen Worten zusammenzufassen. Erstens verweist die hl. Teresa auf die evangelischen Tugenden als Grundlage des ganzen christlichen und menschlichen Lebens: insbesondere die Abkehr von den Gütern oder die evangelische Armut, und das betrifft uns alle; die Liebe zueinander als wesentliches Element des Gemeinschaftslebens und des gesellschaftlichen Lebens; die Demut als Liebe zur Wahrheit; die Entschlossenheit als Frucht

des christlichen Wagemuts; die theologische Hoffnung, die sie als Durst nach dem lebendigen Wasser beschreibt. Sie vergißt darüber jedoch nicht die menschlichen Tugenden: Freundlichkeit, Wahrhaftigkeit, Bescheidenheit, Höflichkeit, Fröhlichkeit, Bildung. Zweitens verweist Teresa auf eine tiefe Übereinstimmung mit den großen biblischen Gestalten und das aufrichtige Hören auf das Wort Gottes. Sie fühlt sich im Einklang vor allem mit der Braut des *Hohenlieds* und mit dem Apostel Paulus sowie mit dem leidenden Christus und dem eucharistischen Jesus. Die Heilige hebt außerdem hervor, wie wesentlich das Gebet ist. Sie sagt: Beten ist »nichts anderes als Verweilen bei einem Freund, mit dem wir oft allein zusammenkommen, einfach um bei ihm zu sein, weil wir sicher wissen, daß er uns liebt« (*Das Buch meines Lebens* 8,5). Die Idee der hl. Teresa stimmt mit der Definition der theologischen Liebe durch den hl. Thomas von Aquin als »amicitia quaedam hominis ad Deum« überein: eine Art Freundschaft des Menschen mit Gott, der dem Menschen als erster seine Freundschaft angeboten hat; die Initiative geht von Gott aus (vgl. *Summa theologiae* II-II,23,1). Das Gebet ist Leben, und es entwickelt sich nach und nach zusammen mit dem Wachstum des christlichen Lebens: vom gesprochenen Gebet über die Verinnerlichung durch Betrachtung und Sammlung bis hin zur liebenden Vereinigung mit Christus und mit der Allerheiligsten Dreifaltigkeit. Natürlich handelt es sich nicht um eine Entwicklung, bei der man beim Aufstieg zu den höheren Stufen die vorhergehende Art des Gebets zurückläßt, sondern vielmehr wird die Beziehung zu Gott, die das ganze Leben umfaßt, nach und nach vertieft. Bei Teresa handelt es sich nicht so sehr um eine

Ávila, Ansicht der Stadtmauern

Unterweisung im Gebet als vielmehr um eine »Mystagogik«: Sie lehrt den Leser ihrer Werke beten, indem sie selbst mit ihm betet; häufig unterbricht sie den Bericht oder die Darlegung, um ein Gebet hervorzubringen. Ein weiteres Thema, das der Heiligen am Herzen lag, ist die Zentralität der Menschheit Christi.

Für Teresa ist das christliche Leben eine persönliche Beziehung zu Jesus, das seinen Höhepunkt in der Vereinigung mit ihm aus Gnade, aus Liebe und in der Nachahmung findet. Daher mißt sie der Betrachtung des Leidens große Bedeutung bei, ebenso wie der Eucharistie als Gegenwart Christi in der Kirche, durch das Leben eines jeden Gläubigen und als Herzstück der Liturgie. Die hl. Teresa lebt eine bedingungslose Liebe zur Kirche: Sie offenbart einen aufrichtigen »sensus Ecclesiae« angesichts der Spaltungen und Konflikte in der Kirche ihrer Zeit. Sie reformiert den Karmelorden in der Absicht, der »heiligen römisch-katholischen Kirche« besser zu dienen und sie besser zu verteidigen, und ist bereit, ihr Leben für sie hinzugeben (vgl. *Das Buch meines Lebens* 33,5). Ein letzter wesentlicher Aspekt der Teresanischen Lehre, den ich hervorheben möchte, ist die Vollkommenheit als Bestreben und Endziel des gesamten christlichen Lebens. Die Heilige hat eine sehr klare Vorstellung von der »Fülle« Christi, die der Christ aufs neue lebt. Am Ende des Weges der *Inneren Burg*, in der letzten »Wohnung«, beschreibt Teresa diese Fülle, verwirklicht in der Einwohnung der Dreifaltigkeit, in der Vereinigung mit Christus durch das Geheimnis seiner Menschheit.

Liebe Brüder und Schwestern, die hl. Teresa von Jesus ist eine wahre Lehrerin des christlichen Lebens für die Gläubigen jeder Zeit. In unserer Gesellschaft, in der es oft an geistlichen Werten

Gian Lorenzo Bernini, *Die Entrückung der Heiligen Theresa*

mangelt, lehrt uns die hl. Teresa, unermüdliche Zeugen Gottes, seiner Gegenwart und seines Wirkens zu sein; sie lehrt uns, wirklich diesen Durst nach Gott zu spüren, der in der Tiefe unseres Herzens vorhanden ist, dieses Verlangen, Gott zu schauen, Gott zu suchen, mit ihm im Gespräch zu stehen und seine Freunde zu sein. Das ist die Freundschaft, die wir alle brauchen und nach der wir jeden Tag aufs neue suchen müssen.

Das Vorbild dieser Heiligen, die zutiefst kontemplativ war und tatkräftig ans Werk ging, möge auch uns anspornen, jeden Tag die rechte Zeit dem Gebet, der Öffnung gegenüber Gott und diesem Weg zu widmen, um Gott zu suchen, ihn zu schauen und seine Freundschaft und somit das wahre Leben zu finden. Denn in Wirklichkeit müßten viele von uns sagen: »Ich lebe nicht, ich lebe gar nicht wirklich, denn ich lebe nicht das Eigentliche meines Lebens.« Die Zeit des Gebets ist daher keine verlorene Zeit, sondern eine Zeit, in der sich der Weg des Lebens öffnet, in der sich der Weg öffnet, um von Gott eine glühende Liebe zu ihm, zu seiner Kirche und eine konkrete Liebe zu unseren Brüdern zu lernen. Danke.

* * *

Von Herzen grüße ich alle deutschsprachigen Pilger, heute besonders die Druschki der katholischen sorbischen Jugend sowie mit großer Freude das Kölner Dreigestirn in Begleitung von Kardinal Meisner. Herzlich willkommen! Ich finde es schön, daß der Kölner Karneval bis nach Rom reicht. Das tiefe Gottvertrauen der heiligen Teresa, daß »Gott allein genügt«, wollen auch wir uns immer mehr zu eigen machen. Dazu schenke der Herr uns allen seine Gnade.

IHS

HL. PETRUS CANISIUS

Heute möchte ich zu euch über den hl. Petrus Kanis sprechen, Canisius in der latinisierten Form seines Nachnamens, eine sehr wichtige Persönlichkeit im Katholizismus des 16. Jahrhunderts. Er wurde am 8. Mai 1521 im holländischen Nimwegen geboren. Sein Vater war Bürgermeister der Stadt. Als Student der Kölner Universität stand er in Verbindung mit den Kartäusermönchen vom Kloster der hl. Barbara, einem Zentrum, von dem viele Impulse für das katholische Leben ausgingen, sowie mit anderen frommen Männern, die die Spiritualität der sogenannten »Devotio moderna« pflegten. Er trat am 8. Mai 1543 in Mainz (Rheinland-Pfalz) in die Gesellschaft Jesu ein, nachdem er an geistlichen Exerzitien unter der Leitung des sel. Pierre Favre, Peter Faber, teilgenommen hatte, einem der ersten Gefährten des hl. Ignatius von Loyola. 1546 wurde er in Köln zum Priester geweiht und nahm bereits im folgenden Jahr als Theologe des Bischofs von Augsburg, Kardinal Otto Truchseß von Waldburg, am Konzil von Trient teil, wo er mit zwei Mitbrüdern, Diego Laínez und Alfonso Salmerón, zusammenarbeitete.

1548 ließ Ignatius ihn in Rom die geistliche Ausbildung abschließen und sandte ihn dann in das Kolleg von Messina, um sich in bescheidenen häuslichen Diensten zu üben. Nachdem er am 4. Oktober 1549 in Bologna das Doktorat in Theologie erlangt hatte, wurde er vom hl. Ignatius für das Apostolat in Deutschland bestimmt. Am 2. September desselben Jahres 1549 suchte er Papst Paul III. in Castel Gandolfo auf und begab sich dann in die Pe-

Anonym, *Petrus Canisius*

tersbasilika, um zu beten. Hier bat er die großen heiligen Apostel Petrus und Paulus um Hilfe, auf daß sie dem Apostolischen Segen für seine große Bestimmung, für seine neue Sendung bleibende Wirkkraft verleihen möchten. In seinem Tagebuch hielt er einige Worte dieses Gebetes fest. Es heißt dort: »Da fühlte ich überaus großen Herzenstrost und die Gegenwart deiner Gnade, die mir durch diese mächtigen Fürbitter [Petrus und Paulus] liebevoll angeboten wurde. Auch sie gaben mir jetzt ihren Segen und bestätigten meine Sendung nach Deutschland. Es war mir, als verhießen sie mir ihren wohlwollenden Schutz für meinen Apostelberuf in Deutschland. Du weißt es, o Herr, wie sehr und wie oft du mir an jenem Tag Deutschland ans Herz gelegt hast. Ich sollte fortfahren, für dieses Land besorgt zu sein, mich ganz dafür hingeben... und nichts anderes mehr begehren, als für es zu leben und zu sterben« (*Die Bekenntnisse des heiligen Petrus Canisius SJ und sein Testament*. Aus dem Lateinischen übersetzt und herausgegeben von Johannes Metzler SJ, Mönchengladbach 1925, S. 54).

Wir müssen uns vor Augen halten, daß wir uns in der Zeit der lutherischen Reformation befinden, in dem Augenblick, in dem der katholische Glaube in den Ländern deutscher Sprache angesichts der Anziehungskraft der Reformation zu verlöschen schien. Canisius war die beinahe unmögliche Aufgabe übertragen worden, den katholischen Glauben in den deutschen Ländern neu zu beleben, zu erneuern. Möglich war dies nur kraft des Gebets. Es war nur aus der inneren Mitte heraus möglich, aus einer tiefen persönlichen Freundschaft mit Jesus Christus: einer Freundschaft mit Christus in seinem Leib, der Kirche, die von der Eucharistie, seiner Realpräsenz, genährt werden muß.

Der Sendung folgend, die er von Ignatius und von Papst Paul III. erhalten hatte, brach er nach Deutschland auf. Zunächst ging er in das Herzogtum Bayern, das für viele Jahre der Ort seines Dienstes war. Als Dekan, Rektor und Vizekanzler der Universität Ingolstadt kümmerte er sich um das akademische Leben des Instituts sowie um die religiöse und sittliche Reform des Volkes. In Wien, wo er für kurze Zeit Bistumsverwalter war, war er in der Seelsorge in den Krankenhäusern und Gefängnissen tätig, sowohl in der Stadt als auch auf dem Land, und arbeitete an der Veröffentlichung seines *Katechismus*. 1556 gründete er das Kolleg in Prag und war bis 1569 der erste Obere der Oberdeutschen Jesuitenprovinz.

In diesem Amt errichtete er in den deutschen Ländern ein dichtes Netz von Gemeinschaften seines Ordens, besonders von Kollegien, die Ausgangspunkte für die katholische Reform, für die Erneuerung des katholischen Glaubens waren. In jener Zeit nahm er auch am Wormser Religionsgespräch mit den protestantischen Oberhäuptern, darunter Philipp Melanchthon (1557), teil; er übte die Funktion des Päpstlichen Nuntius in Polen aus (1558); er nahm an zwei Reichstagen zu Augsburg teil (1559 und 1565); er begleitete Kardinal Stanislaus Hosius, den Legaten von Papst Pius IV., zu Kaiser Ferdinand (1560); er nahm an der Schlußsitzung des Konzils von Trient teil, wo er über die Frage der Kommunion unter beiden Gestalten und den Index der verbotenen Bücher sprach (1562).

1580 zog er sich nach Fribourg in der Schweiz zurück, wo er sich ganz der Predigt und der Abfassung seiner Werke widmete; er starb dort am 21. Dezember 1597. Er wurde 1864 durch den sel. Pius IX. seliggesprochen und 1897 von Papst Leo XIII. zum zweiten Apostel Deutschlands erklärt. 1925 wurde er von Papst Pius XI. heiliggesprochen und zum Kirchenlehrer proklamiert.

Der hl. Petrus Canisius verbrachte einen großen Teil seines Lebens im Kontakt mit den sozial bedeutendsten Personen seiner

Zeit und übte einen besonderen Einfluß durch seine Schriften aus. Er war Herausgeber des Gesamtwerkes des hl. Cyrill von Alexandrien und des hl. Leo des Großen, der Briefe des hl. Hieronymus und der Gebete des hl. Nikolaus von der Flüe. Er veröffentlichte Gebets- und Andachtsbücher in mehreren Sprachen, die Lebensbeschreibungen einiger Schweizer Heiliger und viele Texte im Bereich der Homiletik. Seine am weitesten verbreiteten Schriften waren jedoch die drei zwischen 1555 und 1558 verfaßten *Katechismen*. Der erste *Katechismus* war für Studenten bestimmt, die in der Lage waren, Grundbegriffe der Theologie zu verstehen; der zweite für Kinder und Jugendliche aus dem Volk, für eine erste religiöse Unterweisung; der dritte für Jugendliche mit mittlerer und höherer Schulbildung. Die katholische Lehre war in Form von Fragen und Antworten dargelegt – in kurzen Worten, mit biblischen Begriffen, klar und deutlich und ohne polemische Untertöne. Allein zu seinen Lebzeiten erschienen etwa 200 Auflagen dieses Katechismus! Und weitere Hunderte von Auflagen folgten bis zum 20. Jahrhundert.

So nannten die Menschen in Deutschland noch in der Generation meines Vaters den *Katechismus* ganz einfach »den Canisius«: Er war wirklich der Katechet Deutschlands, er hat über Jahrhunderte hinweg den Glauben der Menschen geprägt.

Das ist ein Merkmal des hl. Petrus Canisius: Er weiß die Treue zu den dogmatischen Grundsätzen mit der jeder Person gebührenden Achtung harmonisch zu verbinden. Der hl. Canisius hat den bewußten, schuldhaften Abfall vom Glauben vom unverschuldeten Glaubensverlust, der den Umständen entspringt, unterschieden. Er hat Rom gegenüber erklärt, daß den größten Teil der zum Protestantismus übergetretenen Deutschen keine Schuld träfe. In einem Augenblick der Geschichte, der von

Pierre Wuillert, *Petrus Canisius als Prediger*

starken konfessionellen Gegensätzen geprägt war, vermied er, was außergewöhnlich ist, jede Bitterkeit und zornige Rhetorik – das war, wie gesagt, zu jener Zeit in den Auseinandersetzungen zwischen Christen selten – und zielte nur darauf ab, die geistlichen Wurzeln darzulegen und den Glauben in der Kirche neu zu beleben. Dazu diente seine große und durchdringende Kenntnis der Heiligen Schrift und der Kirchenväter: Dieselbe Kenntnis stützte seine persönliche Beziehung zu Gott und die strenge Spiritualität, die ihm aus der »Devotio moderna« und aus der rheinischen Mystik erwuchs.
Kennzeichnend für die Spiritualität des hl. Canisius ist eine tiefe persönliche Freundschaft mit Jesus. Zum Beispiel schreibt er am 4. September 1549 in sein Tagebuch folgende an den Herrn gerichtete Worte: »Darauf hast du mir gleichsam in deiner heiligsten Brust dein Herz geöffnet. Es war mir, als sähe ich es unmittelbar vor mir. Und du befahlst mir, aus diesem Born zu trinken, indem du mich einludest, aus deinen Quellen, o mein Erlöser, die Wasser meines Heiles zu schöpfen« (*ebd.*, S. 56). Und dann sieht er, daß der Erlöser ihm ein Gewand gibt, das aus drei Teilen besteht, die Friede, Liebe und Ausdauer heißen. Und mit diesem Gewand aus Frieden, Liebe und Ausdauer hat Canisius sein Erneuerungswerk des Katholizismus durchgeführt. Seine Freundschaft mit Jesus – dem Mittelpunkt seiner Persönlichkeit –, die genährt war von der Liebe zur Bibel, von der Liebe zum Sakrament, von der Liebe zu den Vätern, diese Freundschaft war ganz klar vereint mit dem Bewußtsein, in der Kirche die Sendung der Apostel fortzusetzen. Und das ruft uns in Erinnerung, daß jeder wahre Verkünder des Evangeliums stets ein mit Jesus und mit seiner Kirche vereintes und gerade deshalb fruchtbares Werkzeug ist.

Die Freundschaft mit Jesus hatte der hl. Petrus Canisius im geistlichen Umfeld der Kölner Kartause herausgebildet, wo er in enger Verbindung mit zwei kartäusischen Mystikern stand: mit Johannes von Landsberg, latinisiert Lanspergius, und mit Nicolaus van Hesche, latinisiert Eschius. Später vertiefte er die Erfahrung jener Freundschaft, »familiaritas stupenda nimis«, durch die Betrachtung der Geheimnisse des Lebens Jesu, die in den *Geistlichen Übungen* des hl. Ignatius großen Raum einnehmen. Seine tiefe Verehrung für das Herz des Herrn, die in der Weihe zum apostolischen Dienst in der Vatikanischen Basilika ihren Höhepunkt hatte, findet hier ihre Grundlage.

In der christozentrischen Spiritualität des hl. Petrus Canisius wurzelt eine tiefe Überzeugung: Es gibt keine um ihre Vollkommenheit bemühte Seele, die nicht jeden Tag das Gebet, das innere Gebet praktiziert: das alltägliche Mittel, das es dem Jünger Jesu erlaubt, in Vertrautheit mit dem göttlichen Meister zu leben. Daher verweist unser Heiliger in den Schriften, die zur geistlichen Unterweisung des Volkes bestimmt sind, immer wieder auf die Bedeutung der Liturgie durch seine Kommentare zu den Evangelien, zu den Festen, zum Ritus der Heiligen Messe und der anderen Sakramente. Gleichzeitig trägt er jedoch Sorge, den Gläubigen zu zeigen, wie notwendig und schön es ist, daß das tägliche persönliche Gebet die Teilnahme am öffentlichen Gottesdienst der Kirche begleitet und durchdringt.

Diese Ermahnung und Methode bewahren auch heute ihren ganzen Wert, besonders nachdem sie durch das Zweite Vatikanische Konzil in der Konstitution *Sacrosanctum Concilium* noch einmal maßgeblich dargelegt wurden: Das christliche Leben wächst nicht, wenn es nicht genährt wird durch die Teilnahme an der Liturgie, insbesondere an der heiligen Sonntagsmesse, und durch das tägliche persönliche Gebet, durch den persönlichen Kontakt mit Gott. Inmitten der tausend Aktivitäten und zahlreichen Anregungen, die uns umgeben, ist es notwendig, jeden Tag Augenblicke der Sammlung vor dem Herrn zu finden, um ihm zuzuhören und mit ihm zu sprechen.

Gleichzeitig ist das Vorbild, das der hl. Petrus Canisius uns nicht nur in seinen Werken, sondern vor allem durch sein Leben hinterlassen hat, stets zeitgemäß und von bleibendem Wert. Er lehrt ganz deutlich, daß der apostolische Dienst nur dann wirksam ist und Früchte des Heils in den Herzen hervorruft, wenn der Prediger ein persönlicher Zeuge Jesu ist und es versteht, ein fügsames Werkzeug zu sein, wenn er eng mit ihm verbunden ist durch den Glauben an sein Evangelium und an seine Kirche, durch ein sittlich konsequentes Leben und durch ein Gebet, das unablässig ist wie die Liebe. Und das gilt für jeden Christen, der mit Hingabe und Treue seine Zugehörigkeit zu Christus leben will. Danke.

* * *

Mit Freude grüße ich die deutschsprachigen Pilger und Besucher. Wie der heilige Petrus Canisius wollen wir stets die Wahrheit suchen und für sie eintreten, um so unsere innere Freundschaft mit Christus zu vertiefen und zu verlebendigen. Dies ist ja das Herzstück und die Mitte seines Lebens gewesen: die Freundschaft mit Christus, dessen offenes Herz er gesehen hat, von dem er sich aufgefordert fühlte, aus den Wassern des Lebens zu trinken, die von Ihm kamen. Dies ist die Mitte, von der wir Christen leben, und dies ist die Mitte, von der her die Kirche immer wieder erneuert werden kann. Euch allen wünsche ich einen gesegneten Aufenthalt in Rom.

HL. JOHANNES VOM KREUZ

Vor zwei Wochen habe ich die Gestalt der großen spanischen Mystikerin Teresa von Jesus vorgestellt. Heute möchte ich über einen weiteren wichtigen Heiligen aus jenem Land sprechen, einen geistlichen Freund der hl. Teresa, der gemeinsam mit ihr die karmelitische Ordensfamilie reformiert hat: den hl. Johannes vom Kreuz, der 1926 von Papst Pius XI. zum Kirchenlehrer erhoben wurde und traditionell den Beinamen »Doctor mysticus« – »Lehrer der Mystik« – trägt.

Johannes vom Kreuz wurde 1542 in dem kleinen Dorf Fontiveros bei Ávila in Altkastilien geboren, als Sohn von Gonzalo de Yepes und Catalina Alvarez. Die Familie war sehr arm, weil der Vater, der toledanischem Adel entstammte, von zu Hause verjagt und enterbt wurde, da er Catalina geheiratet hatte, eine einfache Seidenweberin. Bereits in zartem Alter verlor er seinen Vater und zog mit neun Jahren mit seiner Mutter und seinem Bruder Francisco nach Medina del Campo bei Valladolid, ein Handels- und Kulturzentrum. Hier besuchte er das »Colegio de los Doctrinos« und erledigte auch einige einfache Arbeiten für die Ordensschwestern des Konvents bei der Kirche »Santa María Magdalena«. Dann wurde er dank seiner menschlichen Eigenschaften und schulischen Erfolge zunächst als Krankenpfleger im Hospital »Inmaculada Concepción« und dann in das Jesuitenkolleg aufgenommen, das in Medina del Campo gerade gegründet worden war: Hier trat Johannes mit 18 Jahren ein und studierte drei Jahre lang Humanwissenschaften, Rhetorik und

Pierre Subleyras, *Johannes vom Kreuz*

klassische Sprachen. Am Ende der Ausbildung hatte er seine Berufung ganz deutlich vor Augen: das Ordensleben, und unter den vielen Orden, die in Medina anwesend waren, fühlte er sich in den Karmel berufen.

Im Sommer 1563 begann er das Noviziat bei den Karmeliten der Stadt und nahm den Ordensnamen Johannes vom hl. Matthias an. Im folgenden Jahr wurde er an die berühmte Universität von Salamanca geschickt, wo er drei Jahre lang die Freien Künste und Philosophie studierte. 1567 wurde er zum Priester geweiht und kehrte nach Medina del Campo zurück, um umgeben von der Liebe seiner Angehörigen seine erste heilige Messe zu feiern. Hier kam es zur ersten Begegnung zwischen Johannes und Teresa von Jesus. Die Begegnung war für beide entscheidend: Teresa erläuterte ihm ihren Plan zur Reform des Karmels auch für den männlichen Zweig des Ordens und schlug Johannes vor, sich ihm »zur größeren Ehre Gottes« anzuschließen. Der junge Priester war von Teresas Ideen so fasziniert, daß er zu einem großen Befürworter des Plans wurde. Die beiden arbeiteten einige Monate lang zusammen und teilten einander Ideale und Vorschläge mit, um so schnell wie möglich das erste Haus der Unbeschuhten Karmeliten zu eröffnen: Die Eröffnung fand am 28. Dezember 1568 in Duruelo statt, einem einsamen Ort in der Provinz Ávila. Zusammen mit Johannes bildeten drei weitere Gefährten diese erste reformierte männliche Gemeinschaft. Bei der Erneuerung ihrer Ordensprofeß nach der ursprünglichen Regel nahmen die vier einen neuen Namen an: Johannes hieß jetzt »vom Kreuz«, wie man ihn später weltweit kennen wird. Ende 1572 wurde er auf Bitte der hl. Teresa Beichtvater und Kaplan des Klosters der Menschwerdung in Ávila, wo die Heilige Priorin war. Es waren Jahre enger Zusammenarbeit und geistlicher Freundschaft, die beide bereicherte. Auf diese Zeit gehen auch die wichtigsten Teresanischen Werke und die ersten Schriften des Johannes zurück. Die Mitwirkung an der Reform des Karmelordens war nicht leicht und brachte für Johannes auch schwere Leiden mit sich. Das traumatischste Ereignis, im Jahre 1577, war seine Entführung und seine Kerkerhaft im Konvent der Karmeliten der Alten Observanz in Toledo infolge einer falschen Anklage. Der Heilige blieb monatelang eingekerkert und war physischen und seelischen Entbehrungen und Nötigungen ausgesetzt. Hier verfaßte er zusammen mit anderen Gedichten den berühmten *Geistlichen Gesang*. In der Nacht vom 16. auf den 17. August 1578 gelang ihm schließlich eine abenteuerliche Flucht; er fand Zuflucht im Kloster der Unbeschuhten Karmelitinnen der Stadt. Die hl. Teresa und die reformierten Gefährten feierten seine Befreiung mit großer Freude. Nach einer kurzen Zeit der Erholung wurde Johannes, um wieder zu Kräften zu kommen, nach Andalusien gesandt, wo er zehn Jahre in verschiedenen Klöstern verbrachte, vor allem in Granada. Er übernahm immer wichtigere Aufgaben im Orden, bis hin zum Provinzvikar, und vollendete seine geistlichen Abhandlungen. Dann kehrte er in seine Heimatregion zurück als Mitglied der Generalleitung der Teresianischen Ordensfamilie, die nunmehr völlige rechtliche Autonomie genoß. Er wohnte im Karmel von Segovia, wo er das Amt des Oberen der Gemeinschaft innehatte. 1591 wurde er aller Verantwortungen enthoben und sollte in die neue Ordensprovinz Mexiko entsandt werden. Während er sich mit zehn weiteren Gefährten auf die lange Reise vorbereitete, zog er sich in ein einsames Kloster in Jaén zurück, wo er schwer krank wurde. Johannes nahm große Leiden mit vorbildlicher Ruhe und Geduld auf sich. Er starb in der Nacht vom 13. auf den 14. Dezember 1591, während seine Mitbrüder die Matutin beteten. Er verabschiedete sich von ihnen mit den Worten: »Heute gehe ich im Himmel das Offizium beten.« Seine sterblichen Überreste wurden nach Segovia überführt. Er wurde 1675 von Clemens X. selig-, und 1726 von Benedikt XIII. heiliggesprochen.

Johannes gilt als einer der bedeutendsten lyrischen Dichter der spanischen Literatur. Seine vier Hauptwerke sind: *Aufstieg auf den Berg Karmel, Die dunkle Nacht, Der geistliche Gesang* und *Die lebendige Flamme der Liebe.*

Im *Geistlichen Gesang* legt der hl. Johannes den Weg der Reinigung der Seele dar, also den allmählichen freudigen Besitz Gottes, bis die Seele schließlich spürt, daß sie Gott mit derselben Liebe liebt, mit der sie von ihm geliebt wird. *Die lebendige Flamme der Liebe* fährt in dieser Perspektive fort und beschreibt detaillierter den Zustand der umwandelnden Vereinigung mit Gott. Als Vergleich gebraucht Johannes stets das Feuer: Je mehr das Feuer brennt und das Holz verzehrt, desto mehr glüht es auf und wird schließlich zur Flamme. Ebenso erleuchtet und erwärmt der Heilige Geist, der in der dunklen Nacht die Seele reinigt und »läutert«, diese mit der Zeit, als wäre sie eine Flamme. Das Leben der Seele ist ein ständiges Fest des Heiligen Geistes, das die Herrlichkeit der Vereinigung mit Gott in der Ewigkeit erkennen läßt.

Der Aufstieg auf den Berg Karmel zeigt den geistlichen Weg unter dem Aspekt der allmählichen Reinigung der Seele, die notwendig ist, um zum höchsten Punkt der christlichen Vollkommenheit zu gelangen, symbolisiert durch den Gipfel des Berges Karmel. Diese Reinigung ist als ein Weg dargestellt, den der Mensch

Corneille des Gobelins, *Der auferstandene Christus zwischen St. Teresa von Ávila und Johannes vom Kreuz*

unternimmt, indem er mit dem göttlichen Wirken zusammenarbeitet, um die Seele von jeder Anhänglichkeit oder Zuneigung, die dem Willen Gottes entgegensteht, zu befreien. Die Reinigung, die vollkommen sein muß, um zur liebenden Vereinigung mit Gott zu gelangen, beginnt bei der des sinnlichen Lebens und wird fortgesetzt durch die, die man durch die drei göttlichen Tugenden erlangt – Glaube, Hoffnung und Liebe –, die das Streben, das Gedächtnis und den Willen reinigen.

Die dunkle Nacht beschreibt den »passiven« Aspekt, also das Wirken Gottes in diesem Prozeß der »Reinigung« der Seele. Die menschliche Anstrengung allein ist nämlich unfähig, bis zu den tiefsten Wurzeln der Neigungen und der schlechten Gewohnheiten der Person zu gelangen: Sie kann sie nur zügeln, aber nicht völlig ausrotten. Um das zu tun, bedarf es des besonderen Wirkens Gottes, der den Geist bis auf den Grund reinigt und ihn für die liebende Vereinigung mit ihm bereitmacht. Der hl. Johannes bezeichnet diese Reinigung als »passiv«, denn obgleich die Seele sie annimmt, wird sie umgesetzt durch das geheimnisvolle Wirken des Heiligen Geistes, der wie eine Feuerflamme jede Unreinheit vertilgt. In diesem Zustand wird die Seele allen möglichen Prüfungen unterzogen, als befände sie sich in einer dunklen Nacht.

Diese Angaben zu den Hauptwerken des Heiligen helfen uns, uns den wesentlichen Punkten seiner umfassenden und tiefen mystischen Lehre zu nähern, deren Ziel es ist, einen sicheren Weg darzulegen, um zur Heiligkeit zu gelangen, dem Zustand der Vollkommenheit, zu dem Gott uns alle beruft. Johannes vom Kreuz zufolge ist alles, was existiert, was von Gott geschaffen ist, gut. Durch die Geschöpfe können wir den entdecken, der in ihnen eine Spur seiner selbst hinterlassen hat. Der Glaube ist jedoch die einzige Quelle, die dem Menschen geschenkt ist, um Gott so kennenzulernen, wie er in sich selbst ist, als den einen und dreifaltigen Gott. Alles, was Gott dem Menschen mitteilen wollte, hat er in Jesus Christus gesagt, seinem fleischgewordenen Wort. Jesus Christus ist der einzige und endgültige Weg zum Vater (vgl. *Joh* 14,6). Alles Erschaffene ist nichts im Vergleich zu Gott, und nichts hat Wert außer ihm: Folglich muß jede andere Liebe, um zur vollkommenen Liebe Gottes zu gelangen, sich in Christus der göttlichen Liebe angleichen.

Daher besteht der hl. Johannes immer wieder auf der Notwendigkeit der Reinigung und der inneren Entäußerung, um mit Gott, dem einzigen Ziel der Vollkommenheit, gleichgestaltet zu werden. Diese »Reinigung« besteht nicht einfach nur in der physischen Abwesenheit der Dinge und ihres Gebrauchs; was die Seele rein und frei macht, ist vielmehr die Beseitigung jeder ungeordneten Abhängigkeit von den Dingen. Alles muß in Gott als Mittelpunkt und Ziel des Lebens hineingestellt werden.

Der lange und mühsame Prozeß der Reinigung erfordert natürlich die persönliche Anstrengung, aber der wahre Hauptakteur ist Gott: Alles, was der Mensch tun kann, ist, sich »bereit« zu machen, für das göttliche Wirken offen zu sein und ihm keine Hindernisse entgegenzustellen. Indem er die göttlichen Tugenden lebt, erhebt sich der Mensch und verleiht seinen eigenen Bemühungen Wert. Der Rhythmus, in dem der Glaube, die Hoffnung und die Liebe wachsen, geht im Gleichschritt einher mit der Reinigung und der allmählichen Vereinigung mit Gott bis hin zur Gleichgestaltung mit ihm. Wenn man zu diesem Ziel gelangt, dann wird die Seele in das dreifaltige Leben hineingenommen: So sagt der hl. Johannes, daß sie dahin gelangt, Gott mit derselben Liebe zu lieben, mit der auch Er sie liebt, denn er liebt sie im

Heiligen Geist. Daher hält der Kirchenlehrer der Mystik daran fest, daß es keine wahre liebende Vereinigung mit Gott gibt, die nicht in der dreifaltigen Vereinigung ihren Höhepunkt findet. In diesem erhabenen Zustand erkennt die heilige Seele alles in Gott und muß nicht mehr den Weg über die Geschöpfe gehen, um zu ihm zu gelangen. Die Seele fühlt sich nunmehr von der göttlichen Liebe überflutet und erfreut sich völlig in ihr.
Liebe Brüder und Schwestern, am Ende bleibt die Frage: Hat dieser Heilige mit seiner hohen Mystik, mit diesem mühsamen Weg zum Gipfel der Vollkommenheit auch uns etwas zu sagen, dem gewöhnlichen Christen in den heutigen Lebensverhältnissen, oder ist er nur ein Beispiel, ein Vorbild für wenige auserwählte Seelen, die diesen Weg der Reinigung, des mystischen Aufstiegs wirklich unternehmen können? Um die Antwort zu finden, müssen wir uns vor allem vor Augen halten, daß das Leben des hl. Johannes vom Kreuz kein »Schweben auf mystischen Wolken« war, sondern ein sehr hartes, sehr praktisches und sehr konkretes Leben – als Reformator des Ordens, wo er vielen Widerständen begegnete, als Provinzoberer und auch im Kerker seiner Mitbrüder, wo er unglaublichen Schmähungen und physischen Mißhandlungen ausgesetzt war. Es war ein hartes Leben, aber gerade in den Monaten, die er im Kerker verbrachte, hat er eines seiner schönsten Werke geschrieben. Und so können wir verstehen, daß der Weg mit Christus, das Unterwegssein mit Christus – dem »Weg« – keine Last ist, die der Mühsal unseres Leben, die schon hart genug ist, noch zusätzlich aufgebürdet wird, daß es nichts ist, was diese Mühsal noch schwerer macht, sondern etwas ganz anderes: ein Licht, eine Kraft, die uns hilft, diese Mühsal zu tragen.

Der Heilige Johannes vom Kreuz im mystischen Gebet

BEATVS IOANNES A CRVCE *Hispanus Carmelitarum Excalceatorum primus Parens, mysticæ Theologiæ sublimis doctor et scriptor Diuinorum patiens Segobiæ ante imaginem Christi Domini crucem baiulantis orans, ab quo interrogatus.* Ioannes quid vis pro laboribus? *respondit:* Domine pati et contemni pro te, *voti compos, et miraculis clarus obiit Vbetæ 14. Decembris anno Dñi 1591. ætatis 51. deinde Segobiam translatus ibi honorifice colitur.*

Wenn ein Mensch eine große Liebe in sich trägt, dann verleiht diese Liebe ihm gleichsam Flügel, und er erträgt alle Beschwernisse des Lebens leichter, weil er dieses große Licht in sich trägt. Das ist der Glaube: von Gott geliebt zu sein und sich von Gott in Jesus Christus lieben zu lassen. Dieses Sich-Lieben-Lassen ist das Licht, das uns hilft, die tägliche Mühsal zu tragen. Und die Heiligkeit ist nicht unser Werk, ein sehr schwieriges Werk, sondern sie ist genau diese »Öffnung«: die Fenster unserer Seele zu öffnen, damit das Licht Gottes eintreten kann, Gott nicht zu vergessen, denn gerade in der Öffnung gegenüber seinem Licht findet man Kraft, findet man die Freude der Erlösten. Bitten wir den Herrn, daß er uns helfen möge, diese Heiligkeit zu finden, sich von Gott lieben zu lassen, was unser aller Berufung ist und die wahre Erlösung. Danke.

* * *

Sehr herzlich heiße ich alle Brüder und Schwestern deutscher Sprache willkommen, besonders die Pilger aus der Diözese Eisenstadt in Begleitung von Bischof Ägidius Zsifkovics. Der heilige Johannes vom Kreuz lädt uns ein, unser ganzes Dasein mit allen Freuden und Mühsalen im Licht des Herrn zu sehen und mit ihm den Aufstieg zum wahren Leben in Gott zu wagen. Lassen wir uns also von der Liebe Christi formen, damit Er in uns und durch uns wirkt. Die Heiligkeit ist kein Privileg weniger, sondern Berufung und Geschenk eines jeden Christen. Gottes Gnade führe euch auf allen euren Wegen.

S. ROBERTVS CARD. BELLARMINVS
E SOC. IESV.
MARCELLI. II. P. M. NEPOS.

HL. ROBERT BELLARMIN

Der hl. Robert Bellarmin, über den ich heute zu euch sprechen möchte, bringt uns in Gedanken zurück in die Zeit der schmerzlichen Spaltung der abendländischen Christenheit, als eine schwere politische und religiöse Krise die Loslösung ganzer Nationen vom Apostolischen Stuhl hervorrief.
Er wurde am 4. Oktober 1542 in Montepulciano bei Siena geboren und war mütterlicherseits Neffe von Papst Marcellus II. Er erhielt eine ausgezeichnete humanistische Ausbildung, bevor er am 20. September 1560 in die Gesellschaft Jesu eintrat. Die philosophischen und theologischen Studien, die er am »Collegio Romano«, in Padua und in Löwen absolvierte und in deren Mittelpunkt der hl. Thomas sowie die Kirchenväter standen, waren für seine theologische Ausrichtung entscheidend. Er wurde am 25. März 1570 zum Priester geweiht und war einige Jahre lang Theologieprofessor in Löwen. Danach wurde er nach Rom als Professor am »Collegio Romano« berufen, wo ihm der Lehrstuhl für »Apologetik« anvertraut wurde. In den zehn Jahren, in denen er dieser Aufgabe nachging (1576–1586), erarbeitete er eine Vorlesungsreihe, die später in die *Kontroversen* einfloß, ein Werk, das sofort Berühmtheit erlangte wegen der Klarheit und des Reichtums seiner Inhalte und wegen seiner vorwiegend historischen Ausrichtung. Das Konzil von Trient war gerade beendet, und die katholische Kirche mußte ihre Identität neu stärken und festigen, auch gegenüber der protestantischen Reformation. Bellarmins Wirken fügte sich in diesen Zusammenhang ein. Von 1588 bis 1594 war er zu-

Andrea Pozzo, *Kardinal Bellarmin*

nächst geistlicher Leiter der Jesuiten, die am »Collegio Romano« studierten – unter ihnen traf und leitete er den hl. Aloysius Gonzaga –, und dann ihr Oberer im Ordensleben. Papst Clemens VIII. ernannte ihn zum Päpstlichen Theologen, Konsultor des Heiligen Uffiziums und Rektor des Kollegs der Pönitentiare der Petersbasilika. In den Jahren 1597 bis 1598 entstand sein Katechismus, *Dottrina christiana breve*, sein am weitesten verbreitetes Werk.

Am 3. März 1599 wurde er von Papst Clemens VIII. zum Kardinal kreiert, und am 18. März 1602 wurde er zum Erzbischof von Capua ernannt. Am 21. April desselben Jahres empfing er die Bischofsweihe. In den drei Jahren, in denen er Diözesanbischof war, zeichnete er sich aus durch seinen Eifer als Prediger in seiner Kathedrale, durch den Besuch, den er wöchentlich den Pfarreien abstattete, durch die drei Diözesansynoden und das Provinzialkonzil, die er ins Leben rief. Nachdem er an den Konklaven teilgenommen hatte, die Leo XI. und Paul V. zum Papst wählten, wurde er nach Rom zurückberufen, wo er Mitglied der Kongregationen des Heiligen Uffiziums, des Index, der Riten, für die Bischöfe und für die Glaubensverbreitung war. Er hatte auch diplomatische Aufträge bei der Republik Venedig und in England, zur Verteidigung der Rechte des Apostolischen Stuhls. In seinen letzten Lebensjahren verfaßte er mehrere Bücher zur Spiritualität, in denen er die Frucht seiner jährlichen geistlichen Exerzitien zusammenfaßte. Ihre Lektüre dient dem christlichen Volk noch heute zur großen Erbauung. Er starb am 17. September 1621 in Rom. Papst Pius XI. sprach ihn 1923 selig, 1930 heilig und erklärte ihn 1931 zum Kirchenlehrer.

Der hl. Robert Bellarmin nahm in der Kirche der letzten Jahrzehnte des 16. und der ersten Jahrzehnte des folgenden Jahrhunderts eine wichtige Stellung ein. Seine *Kontroversen* stellen einen auch heute noch gültigen Bezugspunkt für die katholische Ekklesiologie über

Rom, Fassade des Palazzo del Collegio Romano

Fragen zur Offenbarung, zum Wesen der Kirche, zu den Sakramenten und zur theologischen Anthropologie dar. In ihnen steht aufgrund der Irrtümer über diese Fragen, die damals umgingen, der institutionelle Aspekt der Kirche im Vordergrund.

Bellarmin klärte jedoch auch die unsichtbaren Aspekte der Kirche als mystischem Leib und erläuterte sie anhand der Analogie des Leibes und der Seele, um die Beziehung zwischen den inneren Reichtümern der Kirche und den äußeren Aspekten, die sie sichtbar machen, zu beschreiben. In diesem Monumentalwerk, in dem die verschiedenen theologischen Auseinandersetzungen der Zeit systematisch erfaßt werden sollten, vermeidet er jeden polemischen und aggressiven Ton gegenüber den Ideen der Reformation, sondern erläutert durch Argumente, die der Vernunft und der kirchlichen Überlieferung entnommen sind, deutlich und eindrucksvoll die katholische Lehre.

Sein Erbe liegt jedoch in der Auffassung, die er von seiner Arbeit hatte. Die verantwortungsvollen Leitungsämter hinderten ihn nämlich nicht am täglichen Streben nach der Heiligkeit durch die Treue zu den Erfordernissen seines Standes als Ordensmann, Priester und Bischof. Dieser Treue entspringt sein Bemühen um die Verkündigung.

Als Priester und Bischof war er vor allem ein Seelenhirt, und so fühlte er sich verpflichtet, unermüdlich zu predigen. Er hielt Hunderte von »sermones« – Predigten – bei liturgischen Feiern in Flandern, Rom, Neapel und Capua. Nicht weniger zahlreich sind seine an Pfarrer, Ordensfrauen und Studenten des »Collegio Romano« gerichteten »expositiones« und »explanationes«, die oft die Heilige Schrift zum Gegenstand haben, besonders die Briefe des hl. Paulus. Sowohl seine Verkündigung als auch seine Katechese sind stets auf das Wesentliche ausgerichtet, das er der Ignatianischen Ausbildung entnommen hatte: die Kräfte der Seele ganz darauf zu verwenden, Jesus, den Herrn zutiefst zu erkennen, zu lieben und nachzuahmen.

In den Schriften dieses mit Leitungsämtern betrauten Mannes ist – obgleich er seine Empfindungen hinter Zurückhaltung verbirgt – der Primat, den er den Lehren Christi zuschreibt, sehr deutlich spürbar. Der hl. Bellarmin ist somit ein Vorbild für das Gebet, die Seele jeder Tätigkeit: ein Gebet, das auf das Wort des Herrn hört, sich an der Betrachtung seiner Größe erfreut, sich nicht in sich selbst verschließt, sondern sich freudig Gott hingibt. Ein Merkmal von Bellarmins Spiritualität ist die lebendige und persönliche Wahrnehmung der grenzenlosen Güte Gottes. Daher fühlte sich unser Heiliger wirklich als geliebter Sohn Gottes, und es war ein Quell großer Freude, sich in innerlicher Ruhe und Einfachheit im Gebet, in der Betrachtung Gottes zu sammeln. In seinem Buch *De ascensione mentis in Deum* – Erhebung des Geistes zu Gott –, das nach dem Muster des *Itinerarium* des hl. Bonaventura aufgebaut ist, ruft er aus: »O Seele, dein Vorbild ist Gott – die unendliche Schönheit, das Licht ohne Schatten, der Glanz, der Sonne und Mond übertrifft. Erhebe die Augen zu Gott, in dem sich die Urbilder aller Dinge finden und von dem wie aus einem Quell unendlicher Fruchtbarkeit diese schier unendliche Vielfalt der Dinge ausgeht. Daraus schließe: Wer Gott findet, findet alles; wer Gott verliert, verliert alles.«

In diesem Text hört man einen Anklang der berühmten »contemplatio ad amorem obtineundum « – Kontemplation, um Liebe zu erlangen – der *Geistlichen Übungen* des hl. Ignatius von Loyola. Bellarmin, der in der prunkvollen und oft ungesunden Gesellschaft des ausgehenden 16. und beginnenden 17. Jahrhunderts

IHS
Roberti
Bellarmini
S.R.E.
Presbyteri
Cardinalis

lebt, entnimmt dieser Kontemplation praktische Anwendungen und stellt mit lebhaftem pastoralem Geist die Situation der Kirche seiner Zeit in sie hinein. In dem Buch *De arte bene moriendi* – Von der Kunst, selig zu sterben – zum Beispiel rät er als sichere Richtschnur für ein gutes Leben und auch für ein gutes Sterben, oft und ernsthaft daran zu denken, daß man vor Gott Rechenschaft ablegen muß für seine Taten und seine Lebensweise, und danach zu streben, keine Reichtümer auf Erden anzuhäufen, sondern mit Einfachheit und Liebe zu leben, um Güter im Himmel zu schaffen. In dem Buch *De gemitu columbae* – Das Seufzen der Taube, wobei die Taube für die Kirche steht – mahnt er den Klerus und die Gläubigen nachdrücklich zu einer persönlichen und konkreten Reform des eigenen Lebens gemäß den Lehren der Schrift und der Heiligen, unter denen er insbesondere den hl. Gregor von Nazianz, den hl. Johannes Chrysostomus, den hl. Hieronymus und den hl. Augustinus erwähnt und darüber hinaus die großen Ordensgründer wie den hl. Benedikt, den hl. Dominikus und den hl. Franziskus. Bellarmin lehrt mit großer Klarheit und mit dem Vorbild des eigenen Lebens, daß es keine wahre Reform der Kirche geben kann, wenn dieser nicht unsere persönliche Reform und die Bekehrung unseres Herzens vorausgeht.

Den *Geistlichen Übungen* des hl. Ignatius entnahm Bellarmin Ratschläge, um auch den einfachsten Menschen die Schönheiten der Geheimnisse des Glaubens tiefgreifend zu vermitteln. Er schreibt: »Wenn du Weisheit besitzt, dann verstehe, daß du für die Herrlichkeit Gottes und für dein ewiges Heil geschaffen bist. Das ist dein Ziel, das ist der Kernpunkt deiner Seele, das ist der Schatz deines Herzens. Erachte daher das, was dich zu deinem Ziel

Johannes Valdor, *Porträt des Robert Bellarmin*

führt, als wahres Gut und das, was dich dieses Ziel verfehlen läßt, als wahres Übel. Glück oder Unglück, Reichtum und Armut, Gesundheit und Krankheit, Ehre und Schmach, Leben und Tod darf der Weise für sich selbst weder anstreben noch meiden. Sie sind nur dann gut und erstrebenswert, wenn sie zur Ehre Gottes und zu deiner ewigen Glückseligkeit beitragen; sie sind dann schlecht und zu meiden, wenn sie dieser im Wege stehen« (*De ascensione mentis in Deum*, grad. 1).

Natürlich sind dies keine Worte, die aus der Mode gekommen sind, sondern Worte, über die wir heute lange nachdenken sollten, um unserem Weg auf Erden Orientierung zu geben. Sie rufen uns in Erinnerung, daß das Ziel unseres Lebens der Herr ist, der Gott, der sich in Jesus Christus offenbart hat, in dem er uns auch weiterhin ruft und uns die Gemeinschaft mit ihm verheißt. Sie rufen uns in Erinnerung, wie wichtig es ist, auf den Herrn zu vertrauen, ein Leben in Treue zum Evangelium zu führen, mit dem Glauben und mit dem Gebet jede Situation und alles Handeln unseres Lebens anzunehmen und zu erleuchten und stets nach der Vereinigung mit ihm zu streben. Amen.

* * *

Von Herzen grüße ich alle deutschsprachigen Pilger, heute besonders Bischof Ludwig Schwarz mit den Dechanten aus der Diözese Linz. Die Heiligen sind Menschen, die ein ganz normales Leben, ein anspruchsvolles Berufsleben wie der heilige Bellarmin gelebt haben, aber darin inwendig bei Gott geblieben sind und von daher auch das Berufliche besser bewältigt haben. So sollten wir vom heiligen Robert Bellarmin dies lernen: den inneren Kontakt mit Gott, mit Christus zu halten und so von ihm langsam geformt und erleuchtet zu werden. Er sagt ausdrücklich: Jede Reform der Kirche beginnt mit der Reform meiner selbst.

Nur wenn ich mich reformieren lasse, trage ich auch wirklich zur Erneuerung der Kirche bei. Der Herr schenke uns allen dazu seine Gnaden.

HL. FRANZ VON SALES

»Dieu est le Dieu du coeur humain« [Gott ist der Gott des menschlichen Herzens] (*Abhandlungen über die Gottesliebe*, I,15; *Deutsche Ausgabe der Werke des hl. Franz von Sales*, Bd. 3, Eichstätt und Wien 1957, S. 87): In diesen scheinbar einfachen Worten erkennen wir die Prägung der Spiritualität eines großen Lehrmeisters, über den ich heute zu euch sprechen möchte: des heiligen Bischofs und Kirchenlehrers Franz von Sales. Er wurde 1567 in einem französischen Grenzgebiet geboren, als Sohn des Herrn von Boisy, einer alten Adelsfamilie in Savoyen. Sein Leben spielte sich im Übergang zwischen zwei Jahrhunderten ab, dem 16. und dem 17., er nahm das Beste der Lehren und kulturellen Errungenschaften des ausgehenden Jahrhunderts in sich auf und versöhnte das humanistische Erbe mit dem Streben nach dem Absoluten, das den mystischen Strömungen zu eigen war. Er erhielt eine sehr gründliche Ausbildung: in Paris absolvierte er die höheren Studien, wobei er sich auch der Theologie widmete, und an der Universität von Padua auf Wunsch seines Vaters das Studium der Rechtswissenschaft begann, das er hervorragend abschloß mit dem Doktorat in »utroque iure« – Kirchenrecht und Zivilrecht. In seiner harmonisch verlaufenden Jugend befaßte er sich mit dem Denken des hl. Augustinus und des hl. Thomas von Aquin. Dabei hatte er eine tiefe Krise, die ihn dazu führte, über sein ewiges Heil und Gottes Prädestination für ihn nachzudenken. So durchlitt er die wichtigsten theologischen Fragen seiner Zeit als wahres

Carlo Maratta, *Maria mit dem Kind erscheint dem Hl. Franz von Sales*, Ausschnitt geistliches Drama. Er betete inständig, aber der Zweifel quälte ihn so stark, daß er einige Wochen lang fast gar nicht essen und schlafen konnte. Auf dem Höhepunkt der Prüfung begab er sich in die Kirche der Dominikaner in Paris, öffnete sein Herz und betete: »Was auch immer geschehen mag, Herr, der du alles in deinen Händen hältst und dessen Wege Gerechtigkeit und Wahrheit sind; wofür auch immer du mich bestimmt hast…; dich, der du stets ein gerechter Richter und barmherziger Vater bist, werde ich lieben, o Herr […], ich werde dich hier lieben, o mein Gott, und werde immer auf deine Barmherzigkeit hoffen, und werde dich stets aufs Neue loben… O Herr Jesus, du sollst stets meine Hoffnung und mein Heil im Land der Lebenden sein« (*1 Proc. Can.*, Bd. I, Art. 4). Der 20jährige Franz fand den Frieden in der radikalen und befreienden Wirklichkeit der Liebe Gottes: ihn zu lieben, ohne irgend etwas dafür zu verlangen und auf die göttliche Liebe zu vertrauen; nicht mehr zu fragen, was Gott mit mir machen wird: Ich liebe ihn einfach, unabhängig davon, was er mir gibt oder nicht gibt. So finde ich den Frieden, und das Problem der Prädestination – über das in jener Zeit diskutiert wurde – war gelöst, weil er nicht mehr suchte als das, was er von Gott bekommen konnte. Er liebte ihn einfach, er überließ sich seiner Güte. Und das wird das Geheimnis seines Lebens sein, das in seinem Hauptwerk zutage tritt: den *Abhandlungen über die Gottesliebe*.

Gegen den Widerstand seines Vaters folgte Franz dem Ruf des Herrn und wurde am 18. Dezember 1593 zum Priester geweiht. 1602 wurde er Bischof von Genf, in einer Zeit, als die Stadt Hochburg des Calvinismus war, so daß der Bischofssitz sich sogar »in der Verbannung« in Annecy befand. Als Hirte einer armen und von Schwierigkeiten heimgesuchten Diözese, in einer Gebirgslandschaft, deren Härte und Schönheit ihm wohlbekannt war, schreibt er: »Ich bin ihm [Gott] in seiner ganzen Güte und Milde selbst inmitten unserer höchsten und rauhesten Berge begegnet, wo viele einfache Seelen ihn in aller Wahrhaftigkeit und Aufrichtigkeit lieben und anbeten, wo die Ziegen und Gemsen inmitten schrecklicher Gletscher herumspringen und sein Lob künden« (*Brief an Mutter von Chantal,* Oktober 1606; *Deutsche Ausgabe der Werke des hl. Franz von Sales,* Bd. 5: *Briefe* 1: An *Johanna Franziska von Chantal,* Eichstätt und Wien 1963, S. 133). Dennoch hat sein Leben und seine Lehre auf das Europa seiner Zeit und der folgenden Jahrhunderte einen immensen Einfluß gehabt. Er ist Apostel, Prediger, Schriftsteller, Mann der Tat und des Gebets; darum bemüht, die Ideale des Konzils von Trient umzusetzen; beteiligt an der Auseinandersetzung und am Dialog mit den Protestanten, wobei er jenseits der notwendigen theologischen Diskussion immer mehr die Wirkkraft der persönlichen Beziehung und der Liebe erfährt. Er war auch mit diplomatischen Missionen auf europäischer Ebene sowie mit sozialen Aufgaben zur Vermittlung und zur Versöhnung betraut. Der hl. Franz von Sales ist jedoch vor allem ein Seelenführer: Die Begegnung mit einer jungen Dame, der Frau von Charmoisy, wird ihn anregen, eines der meistgelesenen Bücher der Moderne zu schreiben, die *Anleitung zum frommen Leben*; aus seiner tiefen geistlichen Gemeinschaft mit einer außergewöhnlichen Persönlichkeit, der hl. Johanna Franziska von Chantal, wird eine neue Ordensfamilie entstehen, der Orden von der Heimsuchung Mariens, der – wie der Heilige es wollte – gekennzeichnet ist durch eine völlige Weihe an Gott, die in Einfachheit und Demut gelebt wird, im außergewöhnlich guten Tun gewöhnlicher Dinge. Er schreibt: Ich »will, daß meine Töchter keinen anderen Anspruch erheben, als [unseren Herrn] durch ihre Demut zu ehren« (*Brief an Erzbischof de Marquemont,* Juni 1615; *ebd.*

Bd. 8, *Briefe* 4: *Korrespondenz im Überblick,* Eichstätt 1973, S. 231). Er stirbt 1622 im Alter von 55 Jahren, nach einem Leben, das von der Härte der Zeit und den apostolischen Mühen gezeichnet war.

Das Leben des hl. Franz von Sales war relativ kurz, wurde aber mit großer Tiefe gelebt. Von der Gestalt dieses Heiligen geht der Eindruck einer Erfüllung aus, die man nur selten findet. Sie zeigt sich in der inneren Ruhe seiner intellektuellen Suche, aber auch im Reichtum seiner Empfindungen, in der »Sanftheit« seiner Lehren, die einen großen Einfluß auf das christliche Gewissen hatten. Er verkörperte mehrere Bedeutungen des Begriffs »Menschlichkeit«, die dieses Wort damals wie heute annehmen kann: Kultur und Höflichkeit, Freiheit und Zärtlichkeit, Adel und Solidarität. Im Aussehen hatte er etwas von der Majestät der Landschaft, in der er lebte, und er bewahrte auch ihre Einfachheit und Natürlichkeit. Die altehrwürdigen Worte und Bilder, in denen er sich ausdrückte, klingen auch in den Ohren des heutigen Menschen ganz unerwartet wie eine vertraute Muttersprache.

An Philothea, die ideelle Empfängerin seiner *Anleitung zum frommen Leben* (1607), richtet Franz von Sales eine Aufforderung, die damals revolutionär erscheinen konnte: die Aufforderung, völlig Gott zu gehören, die Anwesenheit in der Welt und die Pflichten des eigenen Standes in Fülle zu leben. Ich »will gerade jenen helfen, die in der Stadt, im Haushalt oder bei Hof leben [...]« (*Vorwort* zur *Anleitung zum frommen Leben; ebd.,* Bd. 1, Eichstätt-Wien 1959). Das Dokument, mit dem Papst Pius IX. ihn über zwei Jahrhunderte später zum Kirchenlehrer erklären wird, hebt diese Erweiterung der Berufung zur Vollkommenheit, zur Heiligkeit noch

Cerano, *Der Hl. Franz von Sales empfängt die Schnur des Dritten Ordens des Hl. Franziskus*

einmal hervor. Dort heißt es: »[Die wahre Frömmigkeit] ist bis zum Thron des Königs vorgedrungen, in das Zelt der Heerführer, in die Gerichtssäle, in die Ämter, in die Werkstätten und sogar in die Hütten der Hirten [...]« (*Breve Dives in misericordia*, 16. November 1877).

So entstand jener Aufruf an die Laien, jene Sorge um die Weihe der weltlichen Dinge und die Heiligung des Alltags, die das Zweite Vatikanische Konzil und die Spiritualität unserer Zeit immer wieder hervorheben. Es zeigte sich das Ideal einer versöhnten Menschheit, im Einklang von weltlicher Tätigkeit und Gebet, von weltlichem Stand und Streben nach Vollkommenheit, mit Hilfe der Gnade Gottes, die das Menschliche durchdringt, es läutert, ohne es zu zerstören, und es in die göttlichen Höhen erhebt. Theotimus, dem erwachsenen, geistlich reifen Christen, an den er einige Jahre später seine *Abhandlungen über die Gottesliebe* richtet (1616), bietet der hl. Franz von Sales eine komplexere Lehre an. Sie setzt zu Anfang eine bestimmte Sichtweise vom Menschen, eine Anthropologie voraus: Der »Verstand« des Menschen oder die »vernunftbegabte Seele«, wird dort als harmonischer Bau betrachtet, als Tempel, der in mehrere Räume unterteilt ist, die sich um einen Mittelpunkt herum befinden. Diesen nennt er, ebenso wie die großen Mystiker, »erhabene Höhe«, »Gipfel« des Geistes oder »höchste Spitze« der Seele. Dies ist der Punkt, an dem der Verstand, nachdem er all seine Stufen durchlaufen hat, »die Augen schließt« und die Erkenntnis eins wird mit der Liebe (vgl. Buch 1, Kap.12). Daß die Liebe in ihrer theologischen, göttlichen Dimension der Seinsgrund aller Dinge ist, in einem Aufstieg, der keine Brüche und Abgründe zu kennen scheint, hat der hl. Franz von Sales in einem berühmten Wort zusammengefaßt: »Der Mensch ist Vollendung des Weltalls, der Geist Vollendung

des Menschen, die Liebe Vollendung des Geistes und die göttliche Liebe Vollendung der Liebe« (*ebd.*, Bd. 2, S. 168).
In einer großen Blütezeit der Mystik sind die *Abhandlungen über die Gottesliebe* im wahrsten Sinne des Wortes eine *Summa* und gleichzeitig ein faszinierendes literarisches Werk. Ihre Beschreibung des Weges zu Gott geht von der »natürlichen Neigung« aus (*ebd.*, Buch 1, Kap. 16), die in das Herz des – wenngleich sündigen – Menschen eingeschrieben ist, Gott über alles zu lieben. Nach dem Vorbild der Heiligen Schrift spricht der hl. Franz von Sales über die Vereinigung von Gott und Mensch, indem er eine ganze Reihe von Bildern zwischenmenschlicher Beziehungen entwickelt. Sein Gott ist Vater und Herr, Bräutigam und Freund; er hat mütterliche Züge und die einer Amme; er ist die Sonne, die sogar von der Nacht auf geheimnisvolle Weise offenbart wird. Ein solcher Gott zieht den Menschen an sich mit Banden der Liebe, also der wahren Freiheit: »Denn die Liebe hält keine Sträflinge und keine Sklaven, sondern stellt alles unter ihren Gehorsam mit einer so bezaubernden Kraft, daß zwar nichts so stark ist wie die Liebe, aber auch nichts so liebenswert wie ihre Kraft« (*ebd.*, Buch 1, Kap. 4, S. 63). In der Abhandlung unseres Heiligen finden wir eine tiefe Betrachtung über den menschlichen Willen und die Beschreibung seines Fließens, Dahinscheidens, Sterbens, um zu leben (vgl. *ebd.*, Buch 9, Kap. 13) in der völligen Hingabe nicht nur an den Willen Gottes, sondern an das, was ihm gefällt, sein »bon plaisir«, sein Wohlgefallen (vgl. *ebd.*, Buch 9, Kap. 1). Am Höhepunkt der Vereinigung mit Gott stehen die Verzückungen der kontemplativen Ekstase ebenso wie das Strömen der konkreten Nächstenliebe, die auf die Nöte der anderen achtet und die er »Ekstase der Tat und des Lebens« nennt (*ebd.*, Buch 7, Kap. 6).

Wenn man das Buch über die Gottesliebe und noch mehr die vielen Briefe der Seelenführung und der geistlichen Freundschaft liest, dann merkt man, welch ein Kenner des menschlichen Herzens der hl. Franz von Sales war. An die hl. Johanna von Chantal schreibt er: »Dies soll die Grundregel unseres Gehorsams sein: Ich schreibe sie in großen Buchstaben: Alles aus Liebe tun und nichts aus Zwang! Mehr den Gehorsam lieben, als den Ungehorsam fürchten! – Ich lasse Ihnen den Geist der Freiheit; nicht jenen, der den Gehorsam verneint, denn dies ist die Freiheit des Fleisches, sondern jenen, der Zwang, Skrupel und Hast ausschließt« (*Brief* vom 14. Oktober 1604; *ebd.* Bd. 5, S. 58). Nicht ohne Grund finden wir am Ursprung vieler Wege der Pädagogik und der Spiritualität unserer Zeit die Spur dieses Lehrmeisters, ohne den es weder den hl. Johannes Bosco gegeben hätte noch den heroischen »kleinen Weg« der hl. Thérèse von Lisieux.

Liebe Brüder und Schwestern, in einer Zeit wie der unseren, die die Freiheit sucht, auch mit Gewalt und innerer Unruhe, darf uns die Aktualität dieses großen Lehrmeisters der Spiritualität und des Friedens nicht entgehen, der seinen Schülern den »Geist der Freiheit« übermittelt – der wahren Freiheit – am Höhepunkt einer faszinierenden und vollständigen Lehre über die Wirklichkeit der Liebe. Der hl. Franz von Sales ist ein vorbildlicher Zeuge des christlichen Humanismus; mit seinem vertrauten Stil, mit Gleichnissen, die zuweilen den Flügelschlag der Poesie besitzen, erinnert er daran, daß der Mensch tief im Innern die Sehnsucht nach Gott eingeschrieben trägt und daß er nur in ihm die wahre Freude und seine völlige Verwirklichung findet.

* * *

Einen herzlichen Gruß richte ich an alle Gäste deutscher Sprache und heute ganz besonders natürlich an die Pilger aus Pentling.

Insbesondere danke ich auch den Südtirolern für die schöne Musik. Wie der heilige Franz von Sales wollen wir uns der Hand Gottes anvertrauen und uns von seiner Liebe immer mehr prägen lassen. Der Herr segne euch alle.

HL. LAURENTIUS VON BRINDISI

Ich erinnere mich noch mit Freude an den festlichen Empfang, der mir 2008 in Brindisi bereitet wurde, in der Stadt, in der 1559 ein bedeutender Kirchenlehrer geboren wurde: der hl. Laurentius von Brindisi. Diesen Namen nahm Giulio Cesare Rossi an, als er in den Kapuzinerorden eintrat. Seit seiner Kindheit hatte die geistliche Familie des hl. Franz von Assisi ihn angezogen. Als er mit sieben Jahren seinen Vater verlor, wurde er von der Mutter der Obhut der Franziskaner-Minoriten seiner Stadt anvertraut. Einige Jahre später zog er jedoch mit der Mutter nach Venedig. In Venetien lernte er die Kapuziner kennen, die sich in jener Zeit großherzig in den Dienst der ganzen Kirche gestellt hatten, um die große geistliche Reform zu unterstützen, die vom Konzil von Trient ausging. 1575 wurde Laurentius durch die Ordensprofeß Kapuzinerbruder, und 1582 wurde er zum Priester geweiht. Schon während der kirchlichen Studien zeigte sich, daß er mit hervorragenden intellektuellen Fähigkeiten begabt war. Er lernte mit Leichtigkeit die alten Sprachen – Griechisch, Hebräisch und Syrisch – sowie die modernen Sprachen wie Französisch und Deutsch, die zur Kenntnis des Italienischen und des Lateinischen, das einst von allen Klerikern und gebildeten Männern fließend gesprochen wurde, hinzukamen.

Dank der Beherrschung so vieler Sprachen konnte Laurentius ein intensives Apostolat bei verschiedenen Kategorien von Personen durchführen. Er war ein erfolgreicher Prediger und war nicht nur mit der Bibel, sondern auch mit der rabbinischen Literatur so sehr

Pietro Fabruzzi, *Der Heilige Laurentius von Brindisi*

vertraut, daß selbst die Rabbiner darüber staunten, ihn bewunderten und ihm Anerkennung und Respekt entgegenbrachten. Als Theologe mit einer fundierten Kenntnis der Heiligen Schrift und der Kirchenväter war er in der Lage, die katholische Lehre in mustergültiger Weise auch den Christen zu erläutern, die – vor allem in Deutschland – der Reformation anhingen. Mit seinen klaren und ruhigen Ausführungen zeigte er die biblische und patristische Grundlage aller Glaubensartikel auf, die Martin Luther in Frage gestellt hatte – unter anderem des Primats des hl. Petrus und seiner Nachfolger, des göttlichen Ursprungs des Bischofsamts, der Rechtfertigung als innere Verwandlung des Menschen, der Notwendigkeit der guten Werke für das Heil. Der Erfolg, den Laurentius genoß, hilft uns zu verstehen, daß die Auseinandersetzung mit der Heiligen Schrift, in der Überlieferung der Kirche ausgelegt, auch heute, wo der ökumenische Dialog mit viel Hoffnung vorangetragen wird, ein unverzichtbares Element von grundlegender Bedeutung ist, wie ich im Apostolischen Schreiben *Verbum Domini* in Erinnerung gerufen habe (vgl. Nr. 46).
Auch die einfachen Gläubigen, die keine große Bildung besaßen, zogen Nutzen aus Laurentius' überzeugendem Wort. Er wandte sich an die einfachen Menschen, um alle zu einem Leben zu ermahnen, das im Einklang steht mit dem Glauben, den man bekennt. Dies war ein großes Verdienst der Kapuziner und anderer Ordensgemeinschaften, die im 16. und 17. Jahrhundert zur Erneuerung des christlichen Lebens beitrugen, indem sie mit ihrem Lebenszeugnis und ihrer Lehre tief in die Gesellschaft vordrangen. Auch heute bedarf es für die Neuevangelisierung gut ausgebildeter, eifriger und mutiger Apostel, damit das Licht

Giuseppe Grandi, *Der Hl. Laurentius in der Schlacht von Stuhlweißenburg*

Brindisi, Kirche St. Maria zu den Engeln

und die Schönheit des Evangeliums die Oberhand haben über die kulturellen Ausrichtungen des ethischen Relativismus und der religiösen Gleichgültigkeit und die verschiedenen Denkströmungen und Handlungsweisen in einen echten christlichen Humanismus verwandeln können. Es ist erstaunlich, daß der hl. Laurentius von Brindisi dieser Tätigkeit als angesehener und unermüdlicher Prediger in vielen Städten Italiens und in verschiedenen Ländern unermüdlich nachgehen konnte, obgleich er weitere gewichtige und verantwortungsvolle Ämter bekleidete. Innerhalb des Kapuzinerordens war er Professor der Theologie, Novizenmeister, mehrmals Provinzial und Generaldefinitor und schließlich, von 1602 bis 1605, Generalminister.

Inmitten der vielen Arbeiten pflegte Laurentius ein geistliches Leben von außergewöhnlichem Eifer, indem er dem Gebet und besonders der Feier der heiligen Messe viel Zeit widmete. Diese zog er oft über Stunden hin, tief bewegt in das Gedenken des Leidens, des Todes und der Auferstehung des Herrn hineingenommen. In der Schule der Heiligen kann jeder Priester, wie im kürzlich beendeten Priester-Jahr oft hervorgehoben wurde, die Gefahr des Aktivismus – also des Handelns, das die tiefen Beweggründe des Dienstes vergißt – nur dann vermeiden, wenn er für sein eigenes inneres Leben Sorge trägt. In meiner *Ansprache an die Priester und Seminaristen in der Kathedrale von Brindisi*, Laurentius' Geburtsstadt, habe ich in Erinnerung gerufen: »Der Augenblick des Gebets ist der wichtigste Moment im Leben des Priesters, denn in ihm wirkt die göttliche Gnade und verleiht seinem Dienst Fruchtbarkeit. Beten ist der vorrangige Dienst an der Gemeinde. Deshalb müssen die Momente des Gebets in unserem Leben eine bevorzugte Stelle einnehmen. ... Wenn wir nicht mit Gott innerlich in Gemeinschaft sind, können wir auch den anderen nichts geben. Deshalb hat Gott den absoluten Vorrang. Wir müssen immer die notwendige Zeit aufbringen, um mit unserem Herrn in Gebetsgemeinschaft zu sein« (in *O.R. dt.*, Nr. 29, 18.7.2008, S. 12). Mit seinem unverwechselbar leidenschaftlichen Stil ermahnt Laurentius alle – nicht nur die Priester –, das Gebetsleben zu pflegen, weil wir dadurch zu Gott sprechen und Gott zu uns. Er ruft aus: »O hielten wir uns doch nur diese Wirklichkeit vor Augen: daß Gott wirklich gegenwärtig ist, wenn wir betend zu ihm sprechen; daß er unser Gebet wirklich hört, auch wenn wir nur mit dem Herzen und im Geiste beten – daß er nicht nur gegenwärtig ist und uns hört, sondern sogar gerne und mit größter Freude unseren Bitten entgegenkommt und dies seinem Wunsch entspricht«.

Ein weiterer Zug, der das Werk dieses Sohnes des hl. Franziskus auszeichnet, ist sein Einsatz für den Frieden. Sowohl die Päpste als auch die katholischen Fürsten vertrauten ihm wiederholt wichtige diplomatische Missionen an, um Streitigkeiten beizulegen und die Eintracht zwischen den europäischen Staaten zu fördern, die in jener Zeit durch das Osmanische Reich bedroht waren. Das moralische Ansehen, das er genoß, machte ihn zu einem gesuchten Ratgeber, auf den man hörte. Wie zur Zeit des hl. Laurentius hat die Welt auch heute einen großen Bedarf an Frieden, braucht sie Männer und Frauen, die den Frieden lieben und die Frieden vermitteln. Alle, die an Gott glauben, müssen immer ein Quell des Friedens und Friedensstifter sein. Im Rahmen einer dieser diplomatischen Missionen beendete Laurentius sein irdisches Leben: Er starb 1619 in Lissabon, wo er den König von Spanien, Philipp III., aufgesucht hatte, um das Anliegen der neapolitanischen Untertanen zu vertreten, die von den örtlichen Obrigkeiten schikaniert wurden.

Er wurde 1881 heiliggesprochen und verdiente sich durch seine kraftvolle und intensive Tätigkeit, sein umfassendes und ausgewogenes Wissen den Titel »Doctor apostolicus«, apostolischer Kirchenlehrer, der ihm von seiten des seligen Papstes Johannes XXIII. 1959 anläßlich seines 400. Geburtstages verliehen wurde. Diese Anerkennung wurde Laurentius von Brindisi auch deshalb zuteil, weil er Autor zahlreicher exegetischer und theologischer Werke sowie von Schriften war, die für die Predigt bestimmt waren. In ihnen bietet er eine in sich geschlossene Darlegung der Heilsgeschichte, bei der das Geheimnis der Menschwerdung im Mittelpunkt steht, die größte Offenbarung der göttlichen Liebe für die Menschen. Als hochkarätiger Mariologe und Autor einer Sammlung von Predigten über die Gottesmutter mit dem Titel »Mariale« hebt er die einzigartige Rolle der Jungfrau Maria hervor, deren Unbefleckte Empfängnis und deren Mitwirken am durch Christus gewirkten Heil er klar bestätigt. Mit feinem theologischem Gespür hat Laurentius von Brindisi auch das Wirken des Heiligen Geistes im Leben des Gläubigen hervorgehoben. Er erinnert uns daran, daß die dritte Person in der Dreifaltigkeit unser Bemühen, die Botschaft des Evangeliums freudig zu leben, erleuchtet und unterstützt. Der hl. Laurentius schreibt: »Der Heilige Geist sorgt dafür, daß das Joch des göttlichen Gesetzes nicht drückt und seine Last leicht ist, damit wir die Gebote Gottes mit größter Leichtigkeit, ja sogar mit Freude befolgen «.
Zum Abschluß dieser kurzen Vorstellung des Lebens und der Lehre des hl. Laurentius von Brindisi möchte ich hervorheben, daß seine ganze Tätigkeit von einer großen Liebe zur Heiligen Schrift beseelt war, die er großenteils auswendig kannte, sowie von der Überzeugung, daß das Hören und das Annehmen des Wortes Gottes uns von innen her verwandelt und diese Verwand-

lung uns zur Heiligkeit führt. Er sagt: »Das Wort Gottes ist Licht für den Verstand und Feuer für den Geist, so daß der Mensch Gott erkennen und lieben kann. Dem inneren Menschen, der vom Geist Gottes lebt, ist es Brot und Wasser: Brot, das süßer ist als Honig, und Wasser, das besser ist als Wein… Es ist ein Hammerschlag gegen ein Herz, das hartnäckig in den Untugenden verharrt. Es ist ein Schwert gegen das Fleisch, die Welt und den Teufel, das jede Sünde vernichtet«. Der hl. Laurentius von Brindisi lehrt uns, die Heilige Schrift zu lieben, in der Vertrautheit mit ihr zu wachsen, täglich die freundschaftliche Beziehung zum Herrn im Gebet zu pflegen, damit unser ganzes Handeln, alle unsere Tätigkeiten in ihm ihren Anfang und ihr Ende haben. Aus dieser Quelle müssen wir schöpfen, damit unser christliches Zeugnis leuchten kann und fähig ist, die Menschen unserer Zeit zu Gott zu führen.

* * *

Mit Freude heiße ich alle Gäste deutscher Sprache willkommen und grüße besonders die Diakone aus dem Bistum Mainz in Begleitung von Weihbischof Werner Guballa. Der heilige Laurentius von Brindisi lehrt uns, die Schrift zu lieben, immer mehr mit ihr vertraut zu werden und im Gebet die Beziehung zum Herrn zu vertiefen. Ich denke, gerade dieser Rat wird uns in der Fastenzeit helfen, ihr den rechten Gehalt zu geben. Gottes Segen begleite euch allezeit.

S.TVS ALPHONSVS MARIA DE LIG.

HL. ALFONS MARIA VON LIGUORI

Heute möchte ich euch die Gestalt eines heiligen Kirchenlehrers vorstellen, dem wir viel zu verdanken haben, da er ein bedeutender Moraltheologe und ein Lehrmeister des geistlichen Lebens für alle war, vor allem für die einfachen Menschen. Er ist der Urheber der Worte und der Musik eines der beliebtesten Weihnachtslieder in Italien und darüber hinaus: »Tu scendi dalle stelle«.

Alfons Maria von Liguori wurde 1696 als Sohn einer reichen neapolitanischen Adelsfamilie geboren. Mit hervorragenden intellektuellen Fähigkeiten ausgestattet, schloß er bereits mit 16 Jahren das Studium des zivilen und kanonischen Rechts ab. Er war der erfolgreichste Rechtsanwalt am Gerichtshof von Neapel: Acht Jahre lang gewann er alle Prozesse, bei denen er die Verteidigung innehatte. In seiner Seele, die nach Gott dürstete und nach Vollkommenheit verlangte, gab der Herr ihm jedoch zu verstehen, daß seine Berufung eine andere war. Empört über die Korruption und die Ungerechtigkeit, die bei Gericht herrschten, gab er 1723 seinen Beruf auf – und mit ihm Reichtum und Erfolg – und entschloß sich, gegen den Widerstand seines Vaters Priester zu werden. Er hatte ausgezeichnete Lehrer, die ihn in das Studium der Heiligen Schrift, der Kirchengeschichte und der Mystik einführten. Er erwarb eine umfassende theologische Bildung, die er fruchtbringend einsetzte, als er einige Jahre später seine schriftstellerische Arbeit aufnahm. 1726 wurde er zum Priester geweiht und schloß sich zur Ausübung des Dienstes

Hl. Alfons von Liguori, Glasfenster aus der Kirche Saint Hilaire de Licheres

einer Weltpriestergemeinschaft an, der »Congregazione diocesana delle Missioni Apostoliche«.
Alfons begann eine Tätigkeit der Evangelisierung und der Katechese bei den unteren Schichten der neapolitanischen Gesellschaft, für die er sehr gerne predigte und die er in den Grundwahrheiten des Glaubens unterwies. Nicht wenige der armen und einfachen Menschen, an die er sich wandte, waren oft Lastern verfallen und begingen kriminelle Handlungen. Geduldig lehrte er sie zu beten und ermutigte sie, ihre Lebensweise zu bessern. Alfons erzielte hervorragende Ergebnisse: In den armseligsten Vierteln der Stadt entstanden immer mehr Gruppen von Personen, die sich abends in Privatwohnungen und Werkstätten versammelten, um zu beten und das Wort Gottes zu betrachten, unter der Führung einiger Katecheten, die von Alfons und anderen Priestern ausgebildet worden waren, die diese Gruppen von Gläubigen regelmäßig besuchten. Als diese Versammlungen auf Wunsch des Erzbischofs von Neapel in den Kapellen der Stadt abgehalten wurden, bekamen sie den Namen »cappelle serotine« – »Abendkapellen« oder »Werk der Kapellen«. Sie waren eine wirkliche Quelle der sittlichen Erziehung, des sozialen Wiederaufbaus, der gegenseitigen Hilfe unter den Armen: Diebstahl, Duelle und Prostitution verschwanden fast vollständig.
Auch wenn sich der soziale und religiöse Kontext, in dem der hl. Alfons lebte, von unserem sehr unterschied, so ist das »Werk der Kapellen« dennoch ein Modell für die missionarische Tätigkeit, an dem wir uns auch heute für eine »Neuevangelisierung«, insbesondere der Armen, ausrichten können, und um ein gerechteres, brüderlicheres und solidarischeres menschliches Zusammenleben aufzubauen. Den Priestern ist die Aufgabe des geistlichen Dienstes anvertraut, während solide ausgebildete

Laien gute christliche Gruppenleiter sein können, echter Sauerteig des Evangeliums mitten in der Gesellschaft. Zunächst hatte Alfons vorgehabt, zur Evangelisierung der heidnischen Völker aufzubrechen, aber im Alter von 35 Jahren kam er mit den Bauern und Hirten in den inneren Regionen des Königreichs Neapel in Berührung. Betroffen von ihrer religiösen Unkenntnis und von dem Zustand der Verwahrlosung, in dem sie lebten, entschloß er sich, die Hauptstadt zu verlassen und sich diesen Menschen zu widmen, die geistlich und materiell arm waren. 1732 gründete er die Kongregation des Heiligsten Erlösers, die er unter den Schutz von Bischof Tommaso Falcoia stellte und deren Oberer er selbst später wurde. Diese von Alfons geführten Ordensmänner waren echte Wandermissionare, die auch die entlegensten Dörfer erreichten und zur Umkehr und Beharrlichkeit im christlichen Leben, vor allem durch das Gebet, aufriefen. Auch heute noch setzen die Redemptoristen in vielen Ländern der Welt diese Evangelisierungssendung durch neue Formen des Apostolats fort. Ich denke mit Anerkennung an sie und ermutige sie, dem Vorbild ihres heiligen Ordensgründers stets treu zu sein.

Alfons, der aufgrund seiner Güte und seines Hirteneifers geschätzt war, wurde 1762 zum Bischof von Sant'Agata dei Goti ernannt. 1775 legte er dieses Amt infolge der Krankheiten, unter denen er litt, mit Genehmigung von Papst Pius VI. nieder. Als der Papst 1778 von seinem Tod erfuhr, der nach vielen Leiden eingetreten war, rief er aus: »Er war ein Heiliger!« Und er irrte sich nicht: Alfons wurde 1839 heiliggesprochen, und 1871 wurde er zum Kirchenlehrer erklärt. Dieser Titel kommt ihm aus mehreren Gründen zu. Vor allem weil er eine reiche moraltheologische Lehre erarbeitet hat, die der katholischen Lehre angemessenen Ausdruck verleiht. Von Papst Pius XII. wurde er deshalb sogar zum »Patron der Beichtväter und der Moraltheologen« ernannt. Zu seiner Zeit hatte sich eine sehr strenge Auffassung vom moralischen Leben verbreitet, auch aufgrund der jansenistischen Denkweise, die – statt Vertrauen und Hoffnung auf die Barmherzigkeit Gottes zu nähren – die Angst schürte und ein Antlitz Gottes zeigte, das finster und streng war, weit entfernt von dem, das Jesus uns offenbart hat. Vor allem in seinem Hauptwerk mit dem Titel *Theologia moralis* bietet er eine ausgewogene und überzeugende Synthese aus den Anforderungen des göttlichen Gesetzes, das in unsere Herzen eingeschrieben ist, von Christus vollkommen offenbart wurde und von der Kirche maßgeblich ausgelegt wird, und den Dynamiken des Gewissens und der Freiheit des Menschen, die gerade in der Treue zur Wahrheit und zum Guten das Heranreifen und die Verwirklichung der Person gestatten. Den Seelenhirten und den Beichtvätern legte der hl. Alfons ans Herz, der katholischen Morallehre treu zu sein und gleichzeitig eine liebevolle, verstehende, gütige Haltung einzunehmen, damit sich die Büßer auf ihrem Weg des Glaubens und des christlichen Lebens begleitet, gestützt und ermutigt fühlen können. Der hl. Alfons wurde nie müde, immer wieder zu sagen, daß die Priester ein sichtbares Zeichen der unendlichen Barmherzigkeit Gottes sind, der vergibt und das Herz des Sünders erleuchtet, damit er umkehrt und sein Leben ändert. In unserer Zeit, in der es deutliche Zeichen der Verwirrung des sittlichen Bewußtseins gibt und – das muß zugegeben werden – einen gewissen Mangel an Wertschätzung gegenüber dem Sakrament der Beichte, ist die Lehre des hl. Alfons immer noch von großer Aktualität.

Pagani, Päpstliche Basilika des Hl. Afons Maria von Ligouri

BASILICA PONTIFICIA - S. ALFONSO

Neben den theologischen Werken verfaßte der hl. Alfons sehr viele weitere Schriften, die der religiösen Unterweisung des Volkes gewidmet waren. Der Stil ist einfach und ansprechend. Die Werke des hl. Alfons werden in vielen Sprachen gelesen, in die sie übersetzt wurden, und haben dazu beigetragen, die volkstümliche Spiritualität der letzten beiden Jahrhunderte herauszubilden. Einige dieser Texte liest man auch heute noch mit großem Nutzen, wie die *Massime eterne*, die *Herrlichkeiten Mariä*, die *Übung der Liebe zu Jesus Christus*, wobei das letztere Werk sein Denken zusammenfaßt und sein Meisterwerk darstellt. Er besteht sehr auf der Notwendigkeit des Gebets, durch das man sich der göttlichen Gnade öffnet, um täglich den Willen Gottes zu erfüllen und die eigene Heiligung zu erlangen. Über das Gebet schreibt er: »Gott verweigert keinem die Gnade des Gebetes, mit dem er Hilfe erhält, um alle Begierde und Versuchung zu besiegen. Ich wiederhole und werde es wiederholen, solange ich lebe, daß unser Heil im Gebet liegt.« Von hier kommt sein großer Lehrsatz: »Wer betet, wird sicherlich gerettet« (vgl. *Del gran mezzo della preghiera e opuscoli affini. Opere ascetiche* II, Rom 1962, S. 171). In diesem Zusammenhang kommt mir die Mahnung meines Vorgängers, des ehrwürdigen Dieners Gottes Johannes Paul II., in den Sinn: »Unsere christlichen Gemeinden müssen echte ›Schulen‹ des Gebets werden. … Deshalb muß die Gebetserziehung (…) zu einem bedeutsamen Punkt jeder Pastoralplanung werden« (Apostolisches Schreiben *Novo millennio ineunte*, 33–34).

Unter den Gebetsformen, die der hl. Alfons nachdrücklich empfahl, nahm der Besuch des Allerheiligsten oder, wie wir heute sagen würden, die kurze oder längere, persönliche oder gemeinschaftliche Anbetung der Eucharistie eine herausragende Stellung ein. Alfons schreibt: »Nach den Sakramenten ist die Anbetung Jesu im Sakrament die erste aller Frömmigkeitsübungen. Sie ist Gott sehr gefällig und uns äußerst nützlich... O wie wunderbar, gläubig vor einem Altar zu verweilen... und ihm seine Sorgen und Nöte vorzubringen, wie ein Freund dem vertrauten Freunde!« (vgl. *Besuchungen des allerheiligsten Sakraments und der allerseligsten Jungfrau Maria*, Einleitung). Die alfonsianische Spiritualität ist in der Tat höchst christologisch, auf Christus und sein Evangelium ausgerichtet. Die Betrachtung des Geheimnisses der Menschwerdung und des Leidens des Herrn sind häufig Gegenstand seiner Verkündigung. In diesen Ereignissen wird nämlich allen Menschen die Erlösung »überreich« angeboten. Und gerade weil sie christologisch ist, ist die alfonsianische Frömmigkeit auch zutiefst marianisch. Als großer Marienverehrer erläutert er ihre Rolle in der Heilsgeschichte: Sie ist Teilhaberin der Erlösung und Mittlerin der Gnade, Mutter, Fürsprecherin und Königin. Außerdem sagt der hl. Alfons, daß die Marienverehrung uns in der Stunde unseres Todes ein großer Trost sein wird. Er war überzeugt, daß das Nachdenken über unsere ewige Bestimmung, unsere Berufung, für immer an Gottes Seligkeit teilzuhaben, ebenso wie über die tragische Möglichkeit der Verdammnis dazu beiträgt, mit innerem Frieden und großem Bemühen zu leben und angesichts der Wirklichkeit des Todes stets das volle Vertrauen in Gottes Güte zu bewahren.

Der hl. Alfons Maria von Liguori ist ein Beispiel für einen eifrigen Hirten, der die Seelen eingenommen hat, indem er das Evangelium verkündigte und die Sakramente spendete, verbunden mit einem Handeln, das von einer sanften und milden Güte geprägt war, die aus der tiefen Beziehung zu Gott, der unendlichen Güte, heraus entstand. Er hatte eine realistische und optimistische Auffassung von den Ressourcen des Guten, die der Herr jedem Menschen schenkt, und er maß den Zuneigungen und den Herzensregungen ebenso wie dem Verstand Bedeutung bei, um Gott und den Nächsten lieben zu können. Abschließend möchte ich daran erinnern, daß unser Heiliger, ebenso wie der hl. Franz von Sales – über den ich vor einigen Wochen gesprochen habe – immer wieder sagt, daß jeder Christ die Heiligkeit erlangen kann: »Der Ordensmann als Ordensmann, der Laie als Laie, der Priester als Priester, der Verheiratete als Verheirateter, der Händler als Händler, der Soldat als Soldat, und so weiter für jeden Stand« (vgl. *Übung der Liebe zu Jesus Christus*). Danken wir dem Herrn, der durch seine Vorsehung an verschiedenen Orten und zu verschiedenen Zeiten Heilige und Kirchenlehrer erweckt, die dieselbe Sprache sprechen, um uns einzuladen, im Glauben zu wachsen und mit Liebe und Freude unser Christsein in den einfachen täglichen Handlungen zu leben, um auf dem Weg der Heiligkeit zu gehen, auf dem Weg zu Gott und zur wahren Freude. Danke.

* * *

Von Herzen grüße ich alle deutschsprachigen Pilger, heute besonders das Präsidium des Österreichischen Gemeindebundes. Danken wir dem Herrn, der in seiner Vorsehung zu allen Zeiten Heilige wie Alfons Maria von Liguori erweckt hat, die uns einladen, im Glauben zu wachsen und mit Liebe und Freude unsere christliche Berufung zu leben. Sie zeigen uns durch ihr Leben, daß die Bindung an die Wahrheit und an das Gute zur Reife und zur wahren Selbstverwirklichung führt. Der Herr schenke uns allen dazu seine Gnade.

HL. THERESE VON LISIEUX

Heute möchte ich über die hl. Therese von Lisieux, Therese vom Kinde Jesu und vom heiligen Antlitz, sprechen. Sie hat nur 24 Jahre in dieser Welt gelebt, am Ende des 19. Jahrhunderts, und ein sehr einfaches und verborgenes Leben geführt, ist aber nach ihrem Tod und der Veröffentlichung ihrer Schriften zu einer der bekanntesten und beliebtesten Heiligen geworden. Die »kleine Therese« läßt nicht nach, den einfachen Seelen, den Kleinen, den Armen und den Leidenden zu helfen, die zu ihr beten, aber sie hat auch die ganze Kirche mit ihrer tiefen geistlichen Lehre erleuchtet. Daher hat der ehrwürdige Diener Gottes Papst Johannes Paul II. ihr 1997 den Titel der Kirchenlehrerin verliehen, zusätzlich zu dem der Patronin der Missionen, den sie bereits 1927 von Pius XI. erhalten hatte. Mein geliebter Vorgänger bezeichnete sie als »Expertin der ›scientia amoris‹« (*Novo millennio ineunte*, 42).

Diese »Wissenschaft«, die in der Liebe die ganze Wahrheit des Glaubens erstrahlen sieht, faßt Therese vor allem in ihrer Lebensbeschreibung in Worte, die ein Jahr nach ihrem Tod unter dem Titel *Geschichte einer Seele* veröffentlicht wurde. Dieses Buch war sofort sehr erfolgreich, wurde in viele Sprachen übersetzt und in der ganzen Welt verbreitet. Ich möchte euch einladen, diesen kleinen und doch so großen Schatz wiederzuentdecken, diesen leuchtenden, in ganzer Fülle gelebten Kommentar zum Evangelium! Die *Geschichte einer Seele* ist in der Tat eine wunderbare Liebesgeschichte, die mit einer solchen Wahrhaftigkeit, Einfach-

Die Hl. Therese von Lisieux ein Jahr vor ihrem Tod

heit und Frische erzählt wird, daß sie den Leser einfach faszinieren muß! Aber welche Liebe hat Thereses ganzes Leben, von der Kindheit bis zum Tod, erfüllt? Liebe Freunde, diese Liebe hat ein Antlitz, sie hat einen Namen: Jesus! Die Heilige spricht unablässig von Jesus. Ich möchte also die großen Abschnitte ihres Lebens nachvollziehen, um in das Herz ihrer Lehre einzutreten.

Therese wird am 2. Januar 1873 in Alençon, einer Stadt in der Normandie in Frankreich geboren. Sie ist die jüngste Tochter von Louis und Zélie Martin, vorbildlichen Eheleuten und Eltern, die am 19. Oktober 2008 gemeinsam seliggesprochen wurden. Sie hatten neun Kinder; vier von ihnen starben bereits in zartem Alter. Übrig blieben fünf Töchter, die alle Ordensfrauen wurden. Mit vier Jahren wurde Therese vom Tod ihrer Mutter zutiefst getroffen (*Ms* A, 13r; vgl. Therese von Lisieux, *Geschichte einer Seele und weitere Selbstzeugnisse*, gesammelt, übersetzt und eingeleitet von Otto Karrer, München 1952, S. 34–36). Der Vater zog daraufhin mit den Töchtern in die Stadt Lisieux, wo sich das ganze Leben der Heiligen abspielen wird. Später wurde Therese, die von einem schweren Nervenleiden befallen wurde, durch eine göttliche Gnade geheilt, die sie selbst als das »Lächeln der seligsten Jungfrau « bezeichnet (29v–30v; *ebd.* S. 61). Dann empfing sie die Erstkommunion, die sie zutiefst erlebte (35r; vgl. *ebd.*, S.70–72), und stellte den eucharistischen Jesus in den Mittelpunkt ihrer Existenz. Die »Weihnachtsgnade« von 1886 ist die große Wende, die sie als »meine vollständige innere Wandlung« bezeichnet (44v–45r; *ebd.*, S. 85): Sie wird von ihrer kindlichen Überempfindlichkeit geheilt und beginnt voranzuschreiten, »wie ein Riese seinen Weg läuft«.

Im Alter von 14 Jahren nähert sich Therese immer mehr mit großem Glauben dem gekreuzigten Jesus und nimmt sich des scheinbar aussichtslosen Falles eines zum Tode verurteilten und unbußfertigen Verbrechers an (45v–46v; *ebd.*, S.88–89). »Um jeden Preis wollte ich die Sünder dem ewigen Verderben entreißen«, schreibt die Heilige in der Gewißheit, daß ihr Gebet ihn dem erlösenden Blut Christi zugeführt hätte. Es ist ihre erste und grundlegende Erfahrung der geistlichen Mutterschaft. »So sehr vertraue ich auf deine [Jesu] grenzenlose Barmherzigkeit«, schreibt sie (*ebd.*, S. 88). Wie die Gottesmutter Maria liebt, glaubt und hofft die junge Therese »mit dem Herzen einer Mutter« (vgl. PR 6/10r).

Im November 1887 begibt sich Therese zusammen mit ihrem Vater und der Schwester Céline auf eine Pilgerreise nach Rom (55v–67r; vgl. *ebd.*, S. 107–124). Der Höhepunkt ist für sie die Audienz bei Papst Leo XIII., den sie um Erlaubnis bittet, mit 15 Jahren in den Karmel von Lisieux eintreten zu dürfen. Ein Jahr später wird ihr Wunsch Wirklichkeit: Sie wird Karmelitin, »um Seelen zu retten und besonders für die Priester zu beten« (69v; *ebd.*, S. 130). Gleichzeitig beginnt auch die schmerzhafte und demütigende Geisteskrankheit ihres Vaters. Dieser große Schmerz bringt Therese dazu, das Antlitz Jesu in seinem Leiden zu betrachten (71rv; vgl. *ebd.*, S. 133). So bringt sie durch ihren Ordensnamen – Schwester Therese vom Kinde Jesu und vom heiligen Antlitz – ihren ganzen Lebensplan zum Ausdruck, vereint mit den zentralen Geheimnissen der Menschwerdung und der Erlösung.

Ihre Ordensprofeß am Fest Mariä Geburt, dem 8. September 1890, ist für sie eine wahre geistliche Vermählung in der »Kleinheit« nach dem Evangelium, für die sie das Symbol der Blume gebraucht. Sie schreibt: »Mariä Geburt, welch schönes Fest für die Vermählung mit Christus! Das kleine Kind Maria brachte dem kleinen Jesus seine kleine Blume dar« (77r; *ebd.*, S. 145). Ordens-

frau zu sein bedeutet für Therese, Braut Christi und Mutter der Seelen zu sein (vgl. *Ms* B, 2v). Am selben Tag schreibt die Heilige ein Gebet, das die ganze Ausrichtung ihres Lebens darlegt: Sie bittet Jesus um das Geschenk seiner grenzenlosen Liebe; sie bittet darum, die Kleinste zu sein, und vor allem bittet sie um das Heil aller Menschen: »Keine Seele soll heute in die Verdammnis geraten« (Pr 2). Von großer Bedeutung ist ihre Weihe an die barmherzige Liebe, die sie am Dreifaltigkeitssonntag des Jahres 1895 vornimmt (*Ms* A, 83v–84r; Pr 6; vgl. *ebd.*, S. 160–161). An dieser Weihe läßt Therese, die bereits stellvertretende Novizenmeisterin ist, ihre Mitschwestern sofort teilhaben.
1896, zehn Jahre nach der »Weihnachtsgnade«, kommt die »Ostergnade«, die Thereses letzten Lebensabschnitt eröffnet: der Beginn ihres Leidens in tiefer Vereinigung mit dem Leiden Jesu. Es ist ein leibliches Leiden in Form der Krankheit, die sie durch große Leiden zum Tod führen wird, vor allem aber ein Leiden der Seele in Form einer äußerst schmerzlichen Glaubensprüfung (Ms C, 4v–7v). Mit Maria beim Kreuz Jesu lebt Therese damals einen heroischen Glauben, wie Licht in der Finsternis, die in ihre Seele eindringt. Die Karmelitin ist sich bewußt, daß sie diese große Prüfung für das Heil aller glaubenslosen Menschen der modernen Welt lebt, die sie »Brüder« nennt. Daher lebt sie die geschwisterliche Liebe noch intensiver (8r–33v; vgl. *ebd.*, S. 169–190): zu den Schwestern ihrer Gemeinschaft, zu den Missionaren, ihren geistlichen Brüdern, zu den Priestern und zu allen Menschen, besonders den Fernstehenden. Sie wird wirklich zu einer »universalen Schwester«! Ihre sanfte und lächelnde Liebe ist Ausdruck der tiefen Freude, deren Geheimnis sie uns

Lisieux, Basilika der Kleinen Therese

offenbart: »Jesus, dich zu lieben ist meine Freude« (P 45/7). Mitten in diesem Leiden lebt die Heilige die größte Liebe in den kleinsten Dingen des Alltags und erfüllt so ihre Berufung, im Herzen der Kirche die Liebe zu sein (vgl. *Ms* B, 3v; vgl. *ebd.*, S. 232).

Therese stirbt am Abend des 30. September 1897 mit den einfachen Worten »Mein Gott, ich liebe Dich!«; ihr Blick ist auf das Kreuz gerichtet, das sie in Händen hält. Diese letzten Worte der Heiligen sind der Schlüssel zu ihrer ganzen Lehre, zu ihrer Auslegung des Evangeliums. Die Liebesbekundung, die sie in ihrem letzten Atemzug machte, war gleichsam der ständige Atem ihrer Seele, ihr Herzschlag. Die einfachen Worte »Jesus, ich liebe dich« stehen im Mittelpunkt all ihrer Schriften. Die Liebe zu Jesus nimmt sie in die allerheiligste Dreifaltigkeit hinein. Sie schreibt: »Ach du weißt, daß ich dich liebe, göttlicher Jesus, / Der Geist der Liebe entflammt mich mit seinem Feuer, / In der Liebe zu dir ziehe ich den Vater an« (P 17/2).

Liebe Freunde, gemeinsam mit der hl. Therese vom Kinde Jesu sollten auch wir dem Herrn jeden Tag immer wieder sagen können, daß wir aus der Liebe zu ihm und zu den anderen leben und in der Schule der Heiligen lernen wollen, wahrhaft und vollkommen zu lieben. Therese ist eine der »Kleinen« des Evangeliums, die sich von Gott in die Tiefen seines Geheimnisses führen lassen. Sie ist eine Führerin für alle, besonders für jene, die im Gottesvolk den Dienst der Theologen ausüben. Mit Demut und Liebe, Glauben und Hoffnung dringt Therese unablässig in das Herz der Heiligen Schrift vor, die das Geheimnis Christi enthält. Und eine solche Lektüre der Bibel, von der »Wissenschaft der Liebe« genährt, steht nicht im Gegensatz zur akademischen Wissenschaft. Die »Wissenschaft der Heiligen«, von der sie selbst am Ende der *Geschichte einer Seele* spricht, ist die höchste Wissenschaft. »Alle

Heiligen haben dies begriffen, vielleicht am besten solche, die die Welt mit der Predigt des Evangeliums erhellten. Der heilige Paulus, Augustinus, Thomas von Aquin, Johannes vom Kreuz, die heilige Therese und so viele Gottesfreunde – schöpften sie nicht aus dem Gebete ihre ganze erhabene Weisheit, das Entzücken der größten Geister?« (*Ms* C, 36r; *ebd.*, S. 220–221). Die Eucharistie, vom Evangelium untrennbar, ist für Therese das Sakrament der göttlichen Liebe, die sich bis zum Äußersten erniedrigt, um uns zu Gott zu erheben. In ihrem letzten *Brief* schreibt die Heilige über ein Bild, auf dem das Jesuskind in der geweihten Hostie dargestellt ist, diese einfachen Worte: »Ich kann einen Gott, der für mich so klein geworden ist, nicht fürchten! (.…) Ich liebe ihn! Denn er ist nichts als Liebe und Barmherzigkeit!« (LT 266).

Im Evangelium entdeckt Therese vor allem die Barmherzigkeit Jesu. Sie sagt sogar: »Er hat mir seine unendliche Barmherzigkeit geschenkt; durch sie betrachte und verehre ich die anderen göttlichen Vollkommenheiten! (…) Dann erscheinen mir alle strahlend vor Liebe, und selbst die Gerechtigkeit – vielleicht noch mehr als jede andere – scheint mir mit Liebe bekleidet« (*Ms* A, 84r). So drückt sie sich auch am Ende der *Geschichte einer Seele* aus: »Ich brauche nur das heilige Evangelium aufzuschlagen, da weht mir der Duft des Lebens Jesu entgegen, und ich weiß, wohin ich mich wenden soll. Nicht auf den ersten Platz stürze ich mich – zum untersten eile ich. … Selbst wenn ich alle möglichen Verbrechen auf dem Gewissen hätte, ich glaube, mein Vertrauen wäre doch nicht geringer: mit einem vom Schmerz der Reue gebrochenen Herzen eilte ich in die Arme meines Erlösers. Ich weiß, er liebte den verlorenen Sohn« (*Ms* C, 36v–37r; *ebd.*, S. 221–222). »Vertrauen und Liebe« sind also der Schlußpunkt ihrer Lebensbeschreibung, zwei Worte, die ihren ganzen Weg der Heiligkeit wie

Leuchtfeuer erhellt haben, um andere auf demselben »kleinen Weg des Vertrauens und der Liebe«, der geistlichen Kindschaft zu leiten (vgl. *Ms* C, 2v–3r; LT 226): ein Vertrauen wie das eines Kindes, das sich in die Hände Gottes fallen läßt. Dieses Vertrauen ist nicht zu trennen vom starken, radikalen Einsatz der wahren Liebe, der immerwährenden Selbsthingabe, wie die Heilige mit Blick auf Maria sagt: »Zu lieben heißt, alles hinzuschenken, sich selbst hinzuschenken« (*Warum ich dich liebe, o Maria*, P 54/22). So zeigt Therese uns allen, daß das christliche Leben darin besteht, die Taufgnade durch die völlige Selbsthingabe an die Liebe des Vaters in Fülle zu leben, um wie Christus im Feuer des Heiligen Geistes seine Liebe zu allen Menschen zu leben.

* * *

Von Herzen grüße ich alle Pilger und Besucher deutscher Sprache. Die heilige Therese von Lisieux lädt uns ein, den »kleinen Weg« zu gehen. Sie sagt: Auf dem Marathon des Glaubens will ich die allerletzte sein, aber es reicht mir anzukommen. Und wenn ich die größte Sünderin wäre, würde ich mich voll Vertrauen in die Hände Gottes stürzen. Sie lädt uns ein, den »kleinen Weg« zu gehen, den einfachen Weg des Vertrauens, darauf zu vertrauen, daß Christus in uns wirkt und wir mit unserer Liebe zu den Menschen darauf antworten. So können wir dem Wirken Gottes in der Welt Raum geben. Der Herr begleite euch auf allen euren Wegen.

HEILIGKEIT

In den Generalaudienzen der beiden letzten Jahre haben uns die Gestalten vieler Heiliger begleitet: Wir konnten sie näher kennenlernen und verstehen, daß die gesamte Kirchengeschichte von diesen Männern und Frauen geprägt ist, die mit ihrem Glauben, mit ihrer Liebe, mit ihrem Leben Leuchtfeuer für viele Generationen waren und dies auch für uns sind. Die Heiligen offenbaren auf verschiedene Weise die machtvolle und verwandelnde Gegenwart des Auferstandenen; sie haben Christus ihr Leben so vollkommen übereignet, daß sie mit dem hl. Paulus sagen können: »Nicht mehr ich lebe, sondern Christus lebt in mir« (*Gal* 2,20). Wenn wir ihrem Vorbild folgen, um ihre Fürsprache bitten, ihre Gemeinschaft suchen, dann verbindet uns das »mit Christus, von dem als Quelle und Haupt jegliche Gnade und das Leben des Gottesvolkes selbst ausgehen« (Zweites Vatikanisches Konzil, Dogmatische Konstitution *Lumen gentium*, 50). Zum Abschluß dieser Katechesereihe möchte ich nun einige Betrachtungen darüber anstellen, was Heiligkeit ist.

Was bedeutet es, heilig zu sein? Wer ist zur Heiligkeit berufen? Oft ist man noch geneigt zu glauben, daß die Heiligkeit ein Ziel ist, das wenigen Auserwählten vorbehalten ist. Der hl. Paulus dagegen spricht vom großen Plan Gottes und sagt: »Denn in ihm [Christus] hat er uns erwählt vor der Erschaffung der Welt, damit wir heilig und untadelig leben vor Gott« (*Eph* 1,4). Und er meint uns alle. Im Mittelpunkt des göttlichen Plans steht Christus, in dem Gott sein Antlitz zeigt: Das seit ewigen Zeiten verborgene Ge-

Guisto de' Menabuoi, *Christus Pantokrator, umgeben von Engeln und Heiligen*

heimnis wurde im fleischgewordenen Wort in Fülle offenbar. Und dann sagt Paulus: »Denn Gott wollte mit seiner ganzen Fülle in ihm wohnen« (*Kol* 1,19). In Christus ist der lebendige Gott zu uns gekommen, ist er sichtbar, hörbar, spürbar geworden, damit wir alle aus seiner Fülle Gnade und Wahrheit empfangen können (vgl. *Joh* 1,14–16). Die ganze christliche Existenz kennt daher nur ein einziges höchstes Gesetz, das der hl. Paulus in einer Formel zum Ausdruck bringt, die sich in allen seinen Schriften findet: in Christus Jesus. Die Heiligkeit, die Fülle des christlichen Lebens besteht nicht darin, außerordentliche Taten zu tun, sondern darin, mit Christus vereint zu sein, seine Geheimnisse zu leben, uns seine Einstellungen, seine Gedanken, sein Verhalten zu eigen zu machen.
Das Maß der Heiligkeit ist durch das Format gegeben, das Christus in uns erlangt, dadurch, wie sehr wir in der Kraft des Heiligen Geistes unser ganzes Leben nach seinem Leben formen. Das ist die Gleichgestaltung mit Christus, wie der hl. Paulus sagt: »Alle, die er im voraus erkannt hat, hat er auch im voraus dazu bestimmt, an Wesen und Gestalt seines Sohnes teilzuhaben « (*Röm* 8,29). Und der hl. Augustinus ruft aus: »Mein Leben, ganz von dir erfüllt, wird erst dann wahres Leben sein« (*Bekenntnisse*, 10,28). In der Konstitution über die Kirche spricht das Zweite Vatikanische Konzil deutlich über den universalen Ruf zur Heiligkeit und sagt, daß niemand davon ausgenommen ist: »In den verschiedenen Verhältnissen und Aufgaben des Lebens wird die eine Heiligkeit von allen entfaltet, die sich vom Geist Gottes leiten lassen und … dem armen, demütigen, das Kreuz tragenden Christus folgen und so der Teilnahme an seiner Herrlichkeit würdig werden« (Nr. 41).
Aber es bleibt die Frage: Wie können wir den Weg der Heiligkeit beschreiten, auf diesen Ruf antworten? Kann ich das aus eigener

Kraft? Die Antwort ist klar: Ein heiliges Leben ist nicht in erster Linie Frucht unserer Anstrengungen, unseres Handelns, denn es ist Gott – der dreimal heilige Gott (vgl. *Jes* 6,3) –, der uns heilig macht, es ist das Wirken des Heiligen Geistes, der uns von innen her beseelt, es ist das Leben des auferstandenen Christus, das uns mitgeteilt wird und uns verwandelt. Um es noch einmal mit den Worten des Zweiten Vatikanischen Konzils zu sagen: »Die Anhänger Christi sind von Gott nicht kraft ihrer Werke, sondern aufgrund seines gnädigen Ratschlusses berufen und in Jesus dem Herrn gerechtfertigt, in der Taufe des Glaubens wahrhaft Kinder Gottes und der göttlichen Natur teilhaftig und so wirklich heilig geworden. Sie müssen daher die Heiligung, die sie empfangen haben, mit Gottes Gnade im Leben bewahren und zur vollen Entfaltung bringen« (*ebd.*, 40). Die Heiligkeit wurzelt also letztlich in der Taufgnade, im Eingepfropftsein in das Ostergeheimnis Christi, wodurch uns sein Geist, sein Leben als der Auferstandene mitgeteilt wird. Der hl. Paulus hebt die Verwandlung, die die Taufgnade im Menschen wirkt, sehr stark hervor, und er prägt schließlich eine neue Terminologie, die mit der Präposition »mit« gebildet wird: mit Christus »mitgestorben «, »mitbegraben«, »mit-auferstanden«, »mit-belebt«; unser Schicksal ist unlöslich mit dem seinen verbunden. Er schreibt: »Wir wurden mit ihm begraben durch die Taufe auf den Tod; und wie Christus durch die Herrlichkeit des Vaters von den Toten auferweckt wurde, so sollen auch wir als neue Menschen leben« (*Röm* 6,4).

Aber Gott achtet stets unsere Freiheit und bittet darum, daß wir dieses Geschenk annehmen und die Anforderungen leben, die es mit sich bringt. Er bittet darum, daß wir uns durch das Wirken

Nächste Doppelseite: Giovanni di Paolo, *Das Jüngste Gericht*

des Heiligen Geistes verwandeln lassen und unseren Willen dem Willen Gottes gleichgestalten. Wie kann es geschehen, daß unser Denken und unser Handeln zum Denken und Handeln mit Christus, zum Denken und Handeln Christi werden? Was ist die Seele der Heiligkeit? Das erläutert wiederum das Zweite Vatikanische Konzil; es sagt uns, daß die christliche Heiligkeit nichts anderes als die in Fülle gelebte Liebe ist. »Gott ist die Liebe, und wer in der Liebe bleibt, der bleibt in Gott und Gott in ihm (1 *Joh* 4,16). Gott aber gießt seine Liebe in unseren Herzen aus durch den Heiligen Geist, der uns gegeben ist (vgl. *Röm* 5,5). Daher ist die erste und notwendigste Gabe die Liebe, durch die wir Gott über alles und den Nächsten um Gottes willen lieben.

Damit aber die Liebe wie ein guter Same in der Seele wachse und Frucht bringe, muß jeder Gläubige das Wort Gottes bereitwillig hören und seinen Willen mit Hilfe seiner Gnade in der Tat erfüllen, an den Sakramenten, vor allem der Eucharistie, und an den gottesdienstlichen Handlungen häufig teilnehmen und sich standhaft dem Gebet, der Selbstverleugnung, dem tatkräftigen Bruderdienst und der Übung aller Tugenden widmen. Denn die Liebe als Band der Vollkommenheit und Fülle des Gesetzes (vgl. *Kol* 3,14; *Röm* 13,10) leitet und beseelt alle Mittel der Heiligung und führt sie zum Ziel« (*Lumen gentium*, 42). Vielleicht ist diese Sprache des Zweiten Vatikanischen Konzils für uns noch ein wenig zu feierlich, vielleicht müssen wir es auf noch einfachere Weise sagen. Was ist wesentlich? Wesentlich ist, keinen Sonntag ohne eine Begegnung mit dem auferstandenen Christus in der Eucharistie vergehen zu lassen, denn das ist keine zusätzliche Last, sondern ein Licht für die ganze Woche; keinen Tag ohne

Fra Angelico, *Das Jüngste Gericht*, Ausschnitt

VENITE·BEN
OSSIDETE

ITTI·PATRIS·MEI
ARATUM

wenigstens ein kurzes Beisammensein mit Gott zu beginnen und zu beenden; und auf der Straße unseres Lebens den »Wegweisern« zu folgen, die Gott uns in den mit Christus gelesenen zehn Geboten gegeben hat. Sie sind ganz einfach die Erläuterung dessen, was Liebe in bestimmten Situationen bedeutet. Das erscheint mir als die wahre Einfachheit und Größe des Lebens in Heiligkeit: am Sonntag dem Auferstanden zu begegnen; mit Gott am Anfang und am Ende des Tages beisammen zu sein; in den Entscheidungen den »Wegweisern« zu folgen, die Gott uns gegeben hat und die nichts anderes sind als Formen der Liebe. »Daher ist die Liebe zu Gott wie zum Nächsten das Siegel des wahren Jüngers Christi« (*ebd.*). Das ist die wahre Einfachheit, Größe und Tiefe des christlichen Lebens, des Heiligseins.

Daher kann der hl. Augustinus in seinem Kommentar zum vierten Kapitel des *Ersten Briefes des Johannes* etwas Mutiges sagen: »Dilige et fac quod vis«, »Liebe und tue, was du willst«. Und er fährt fort: »Wenn du schweigst, so schweige aus Liebe; wenn du redest, so rede aus Liebe; wenn du zurechtweist, so weise aus Liebe zurecht; wenn du vergibst, so vergib aus Liebe; in dir sei die Wurzel der Liebe, denn aus dieser Wurzel kann nur Gutes hervorgehen« (7,8: *PL* 35).

Wer von der Liebe geleitet ist, wer die Liebe in Fülle lebt, ist von Gott geleitet, denn Gott ist Liebe. So gilt dieses große Wort: »Dilige et fac quod vis«, »Liebe und tue, was du willst«. Wir könnten uns vielleicht fragen: Können wir mit unseren Grenzen, mit unserer Schwachheit so hoch hinaus wollen? Die Kirche lädt uns ein, im Laufe des liturgischen Jahres einer Schar von Heiligen zu gedenken – also derer, die die Liebe in Fülle gelebt haben, die es

Vorhergehende Doppelseite: *Das Jüngste Gericht,* Kuppelmosaik in Florenz

verstanden haben, Christus in ihrem täglichen Leben zu lieben und nachzufolgen. Sie sagen uns, daß alle diesen Weg beschreiten können. In jeder Epoche der Kirchengeschichte, in jedem Breitengrad der Welt gibt es Heilige jeden Alters und jeden Lebensstands. Es sind konkrete Gesichter aller Völker, Sprachen und Nationen. Und es sind ganz unterschiedliche Charaktere. Ich muß sagen, daß auch für meinen persönlichen Glauben viele Heilige – nicht alle – wahre Sterne am Himmel der Geschichte sind. Und ich möchte hinzufügen, daß für mich nicht nur einige große Heilige, die ich liebe und die ich gut kenne, »Wegweiser« sind, sondern gerade auch die einfachen Heiligen, also die guten Menschen, denen ich in meinem Leben begegne und die wohl nie heiliggesprochen werden. Es sind sozusagen gewöhnliche Menschen, ohne sichtbaren Heroismus, aber in ihrer täglichen Güte sehe ich die Wahrheit des Glaubens. Diese Güte, die im Glauben der Kirche in ihnen herangereift ist, ist für mich die sicherste Apologie des Christentums und das Zeichen dafür, wo die Wahrheit liegt. In der Gemeinschaft der Heiligen, seien sie zur Ehre der Altäre erhoben oder nicht, die die Kirche durch Christus in all ihren Gliedern lebt, erfreuen wir uns an ihrer Gegenwart und an ihrer Gesellschaft und hegen die unumstößliche Hoffnung, ihren Weg nachahmen zu können und eines Tages an ihrem glückseligen Leben, dem ewigen Leben, teilzuhaben.
Liebe Freunde, wie groß und schön und auch einfach ist die christliche Berufung in diesem Licht betrachtet! Wir alle sind zur Heiligkeit berufen: Sie ist das Maß des christlichen Lebens. Der hl. Paulus bringt es noch einmal mit großer Tiefe zum Ausdruck, wenn er schreibt: »Jeder von uns empfing die Gnade in dem Maß, wie Christus sie ihm geschenkt hat … Und er gab den einen das Apostelamt, andere setzte er als Propheten ein, andere als Evan-

gelisten, andere als Hirten und Lehrer, um die Heiligen für die Erfüllung ihres Dienstes zu rüsten, für den Aufbau des Leibes Christi. So sollen wir alle zur Einheit im Glauben und in der Erkenntnis des Sohnes Gottes gelangen, damit wir zum vollkommenen Menschen werden und Christus in seiner vollendeten Gestalt darstellen« (*Eph* 4,7.11–13). Ich möchte alle einladen, sich gegenüber dem Wirken des Heiligen Geistes zu öffnen, der unser Leben verwandelt, damit auch wir gleichsam Steine in dem großen Mosaik der Heiligkeit sind, das Gott in der Geschichte erschafft, damit das Antlitz Christi in vollem Glanz erstrahle. Wir dürfen keine Angst haben, hoch hinaus zu wollen, in Gottes Höhe; wir dürfen keine Angst haben, daß Gott zuviel von uns verlangt, sondern wir müssen uns in unserem täglichen Handeln von seinem Wort leiten lassen, auch wenn wir spüren, daß wir uns als arme, unzulängliche Sünder fühlen: Er wird uns verwandeln, gemäß seiner Liebe. Danke.

* * *

Ganz herzlich grüße ich die deutschsprachigen Pilger und Besucher, besonders die Gäste, die mit Bischof Gerhard Ludwig Müller aus Regensburg zur Ausstellungseröffnung »Veritas+Vita=Ars« nach Rom gekommen sind, sowie die Verleger und Mitarbeiter am Jugendkatechismus Youcat. Habt keine Angst, euch nach dem hohen Ziel der Heiligkeit auszustrecken. Heilig kann jeder werden, der mit Christus in lebendiger Verbindung bleibt. In all unseren Unzulänglichkeiten wird der Herr uns in seiner Gnade und Liebe formen. In diesem Sinn wünsche ich euch allen einen guten Weg nach Ostern und gesegnete Osterzeit.

VERZEICHNIS DER AUDIENZEN

VERZEICHNIS DER ABBILDUNGEN

BILDNACHWEIS

© De Agostini Digital Picture Library/Scala, Florenz, 26
© Foto Ann Ronan/Heritage Images/Scala, Florenz, 18
© Foto Scala, Florenz, 69, 77, 104, 112 - 113
© Foto Scala, Florenz/Fondo Edifici di Culto – Ministerio dell'Interno, 57
© Foto Scala, Florenz – conc. Ministerio Beni e Attività Culturali, 108 - 109, 110
© Florent Lamontagne/Marka, 84
© Lessing/Contrasto, 22 - 23
Archivi Alinari, Florenz, 28, 57
Archives Charmet/ The Bridgeman Art Library/Archivi Alinari, 51
Archivio Ultreya, 6 - 7
Comune di Brindisi, 78
Elizabeth Harvey-Lee/The Bridgeman Art Library/Archivi Alinari, 60
Foto Antonio della Corte, 89
Giraudon/The Bridgeman Art Library/Archivi Alinari, 47
Granger Collection/Archivi Alinari, 94
Nicolò Orsi Battaglini/Archivi Alinari, Florenz - conc. Opera di Santa Maria del Fiore, 74
Photoservice Electa/akg images, 32, 37, 99
Photoservice Electa/Anelli, 64
The Bridgeman Art Library/Archivi Alinari, Umschlagbild, 42